此项研究得到

国家社会科学基金重大项目（07&ZD009）

国家自然科学基金项目（71073076）

江苏技术师范学院新增教授、博士科研启动

基金项目（KYY11043）资助

高校社科文库
University Social Science Series

教育部高等学校
社会科学发展研究中心

居民消费与中国经济增长

Residents Consumption and Economic Growth in China

刘东皇／著

光明日报出版社

图书在版编目（CIP）数据

居民消费与中国经济增长 / 刘东皇著 . --北京：
光明日报出版社，2012.12（2024.6 重印）
（高校社科文库）
ISBN 978-7-5112-3493-3

Ⅰ.①居… Ⅱ.①刘… Ⅲ.①居民消费—关系—经济
增长—研究—中国 Ⅳ.①F126.1②F124

中国版本图书馆 CIP 数据核字（2012）第 259874 号

居民消费与中国经济增长
JUMIN XIAOFEI YU ZHONGGUO JINGJI ZENGZHANG

著　　者：刘东皇	
责任编辑：宋　悦	责任校对：傅泉泽
封面设计：小宝工作室	责任印制：曹　净

出版发行：光明日报出版社

地　　址：北京市西城区永安路 106 号，100050

电　　话：010-63169890（咨询），010-63131930（邮购）

传　　真：010-63131930

网　　址：http://book.gmw.cn

E－mail：gmrbcbs@gmw.cn

法律顾问：北京市兰台律师事务所龚柳方律师

印　　刷：三河市华东印刷有限公司

装　　订：三河市华东印刷有限公司

本书如有破损、缺页、装订错误，请与本社联系调换，电话：010-63131930

开　　本：165×230mm			
字　　数：216 千字		印　　张：12	
版　　次：2012 年 12 月第 1 版		印　　次：2024 年 6 月第 3 次印刷	
书　　号：ISBN 978-7-5112-3493-3-01			

定　　价：65.00 元

序

  中国经济经历三十多年的高速发展，经济总量已位列全球第二，经济增长成就举世瞩目。但长期以来"粗放型"增长所积累的矛盾也日益突出，资源消耗高、生态环境承载力下降、收入差距拉大、国际贸易争端激化、金融风险加大等都已经成为中国经济继续发展的巨大障碍。基于中国现实经济发展中不断积累的一系列深层次矛盾，我国提出了加快转变经济发展方式的重大战略，这为中国经济未来发展指明了方向。

  国际经验也表明，用大量投资支撑的增长很容易造成需求不足、产能过剩，会加大潜在的金融风险和社会就业压力。转变发展方式，改善经济运行的质量，将区域均衡发展、可持续发展摆到突出位置，将会更好地体现经济增长的福利效应。未来5～10年是我国全面实现小康并向基本现代化迈进的重要时期，也是加快转变经济发展方式的关键阶段。必须顺应国内外经济发展大环境的演变，加快调整产业结构、促进现代服务业与先进制造业融合；加快完善以企业为主体、市场为导向、产学研相结合的技术创新体系；加快破除城乡二元结构、推进城乡一体化；加快开放型经济转型升级、进一步提高国际竞争力；加快发展社会事业和改善民生、促进经济社会协调发展。应更加注重从改善民生扩大消费入手，提升经济增长的内生动力，实现经济发展方式的根本转变。

  扩大消费是个系统工程，也应是个持续性的过程。在构建消费增长长效机制方面，提升居民收入水平和缩小收入差距的收入分配调整是首要任务。目前，我国收入分配不合理不仅表现在初次分配领域，也表现在再分配领域。调整收入分配结构是改善民生、扩大消费和拉动内需的关键之举，也是重构经济增长动力机制的重点所在。此外，持续扩大消费、增强消费对经济增长的拉动力还应注重降低居民预防性动机和改善消费环境等，切实解决居民所关心的就业、住房、教育、医疗卫生和社会保障等问题，真正实现和谐社会的"幼有所养、老有所终"。

刘东皇博士自 2008 年 9 月考入南京大学攻读博士学位，以居民消费和经济增长作为博士论文研究选题，本书是在博士学位论文《中国居民消费的制约因素及增长绩效研究》的基础上修改完善而成的。全书在分析中国经济增长驱动结构特征基础上，基于居民消费增长相对缓慢的现实状况，分别从不确定性、收入分配和公共支出三个角度，系统地研究了如何扩大居民消费的问题，分析了扩大居民消费的经济增长效应，并提出了扩大居民消费推进经济持续健康发展的政策建议。本书基于预防性储蓄理论研究未来不确定性对居民消费的影响，测算居民预防性储蓄动机强度的时序变化；分别从初次分配和再分配两个维度较为系统地分析了完善收入分配制度扩大居民消费的作用机制；侧重从公共支出结构视角全面分析公共（支农）支出影响居民消费的作用机制，认为我国公共支出转型的滞后显著地制约了公共支出消费效应的充分发挥等等方面具有创新意义。全书脉络清晰、方法运用得当、理论分析与实证研究相结合。在博士学位论文研究过程中，形成了一系列阶段性成果，发表在权威核心期刊上，产生了良好的社会反响。欣闻刘东皇的博士论文即将出版，作为导师谨致祝贺，也非常乐意推荐给广大读者。希望刘东皇博士在今后的研究中再接再厉，在广阔的学术天地里勤奋求索，取得更大的成绩。

沈坤荣

2012 年 5 月

前　言

　　当前中国经济正经历着快速的转型和发展，在这一进程中有许许多多的问题值得我们研究。自 2008 年进入南京大学攻读博士学位期间，中国经济也正遭受金融危机的困扰，扩内需的现实背景提供了我深入思考的土壤，在攻博期间我一直关注居民消费和经济增长方面的问题，取得了一系列的研究成果。

　　消费和经济增长问题都是宏观经济学的重要内容。改革开放以来，我国经济年均增长率约 9.5%，取得了令世界瞩目的持续高增长奇迹，居民生活水平得到持续的改善。基于需求层面本书对改革开放以来经济增长的结构性特征事实进行总体考察并进行国际比较后，中国存在消费率偏低的事实，消费率偏低主要表现为居民消费率偏低。近几年来，特别是 2008 年国际金融危机爆发后，国外环境的恶化，居民消费不振给未来中国经济的持续健康发展带来了挑战，消费不足问题得到了较大的关注。因此，研究中国居民消费问题具有很强的现实指导意义。

　　依据现状——理论——实证——对策的逻辑思路，本书构建起居民消费与中国经济增长的研究框架。本书以居民消费需求为着力点展开，研究的几个重点问题分别为：（1）在中国经济持续快速发展过程中，中国经济的驱动结构发生了怎样的变化？（2）从经济增长的需求层面上看居民消费增长相对缓慢，基于未来不确定性视角，当前我国居民消费行为的谨慎程度如何，即是否存在"不敢消费"的问题，有哪些因素影响居民谨慎消费行为？（3）针对转型期我国居民消费不足问题不能规避对宏观收入分配的研究，如何调整收入分配更有效地扩大居民消费呢？（4）公共支出作为收入再分配的重要手段，其对居民消费的作用机制是什么，公共支出的消费效应如何？（5）作为需求因素之一的居民消费对经济增长的作用机理是什么，我国居民消费的经济增长绩效如何？（6）基于消费增长的视角如何化解其制约因素进而促进经济持续健康发展呢？

基于上述问题，本书运用统计分析、模型分析和计量分析等研究方法对我国居民消费和经济增长问题进行了理论和实证分析。主要的研究成果如下：

首先，从总量和结构方面本书对我国居民消费的特征事实进行统计描述性分析，在总量层面上，居民消费增长相对缓慢，慢于经济增长速度、慢于政府消费增长速度、也慢于居民收入水平的增长速度；在结构层面上，相对于城镇居民而言，农村居民消费增长相对缓慢，由此，农村居民消费结构更低，扩大农村居民消费是增强消费对经济增驱动力的更重要方面。

中国居民消费不足与转型期居民消费行为的过于谨慎紧密相关，基于主流的预防性储蓄（Dynan 模型）本书运用状态空间模型（SSM）估测了改革开放以来中国城乡居民消费行为谨慎程度的时序变化，结果表明，无论是城镇还是农村，居民预防性储蓄动机强度呈现稳步上升的态势，城乡居民都存在着较强的预防性储蓄动机。通过对中国城乡居民预防性储蓄动机的影响因素进行实证研究后发现，转型背景下的制度因素及其不确定性作为一种系统性风险，是中国居民谨慎消费行为的重要影响因素。预防性储蓄理论能很大程度上解释我国居民谨慎的消费行为，通过完善社会保障体系等匡正居民消费行为是扩大居民消费的有效措施，但解释转型期居民消费需求不足也不能规避对收入分配等的研究。

根据我国经济高速增长过程中劳动者报酬率持续下降和收入差距持续扩大的现实背景，本书接着从初次分配和再分配两个维度系统地检验收入分配对居民消费的影响机制，研究结果表明：初次分配领域过去劳动者报酬所占比重下降极大地限制了居民消费需求的增长，然而改革开放以来我国内需体系逐渐转变成了"利润引导性需求"，单纯地提升劳动者报酬对投资的消极影响强于对消费的积极影响；在再分配方面，居民收入差距的扩大显著地制约着居民消费需求，从其内部构成上看，城镇居民收入分配差距对其消费需求有着显著的负面影响，城乡收入差距对居民消费的负面影响次之，而农村居民收入分配差距对其消费需求的影响并不显著。因此，在完善收入分配制度方面，初次分配领域提升劳动者报酬是扩大居民消费的有效举措，与此同时应着眼于结构优化和再分配的调整等，通过减弱劳动者报酬提升对投资的负面影响和增强其对消费的积极影响推动经济的又好又快发展，完善收入再分配制度应注重缩小城镇居民内部的收入差距和缩小城乡收入差距，以充分发挥再分配的消费效应。

公共支出作为收入分配的一个重要手段，本书侧重从结构维度检验了二元经济结构下公共（支农）支出对居民消费影响的作用机制，实证研究结果表明：公共支出总量增长对城镇和农村居民消费都具有挤入效应，但公共支农支出对农村居民消费的挤入效应不显著；在公共支出结构方面，仅社会文教方面的支出对居民消费具有显著的挤入效应，社会文教费的增长对城镇居民消费的挤入效应显著地强于对农村居民消费的挤入效应；而在公共支农支出结构方面，仅农业科技 3 项费用支出对农村居民消费具有显著的挤入效应；在分析公共支农支出对农村居民消费不存在显著挤入效应的原因方面进一步从公共支农支出消费效应的区域特征方面分析，虽然东、西部的公共支农支出对农村居民具有挤入效应，但中部地区的公共支农支出对农村居民消费却不存在显著的挤入效应。我国公共支出转型仍然是滞后的，其也限制了公共支出消费效应的充分发挥，推进公共支出转型是扩大居民消费的重要举措。

在理论上把握居民消费驱动经济增长的作用机理之后，基于模型本书实证检验了我国居民消费的经济增长绩效，研究结果表现，经济增长对于居民消费的变动相对敏感，其增长效应显著，然而，居民消费的增长效应并没有充分发挥。根据传统经济理论，在封闭条件下，投资消费结构长期失衡的经济是无法保持长期快速增长的，改革开放后特别是加入 WTO 后我国外需的迅速扩张起到了经济高速增长的最终需求支撑，使过去我国经济的高增长具有了一定的持续性。在新时代背景下扩大居民消费是推进经济持续健康发展的适宜举措。

居民消费具有显著的经济增长效应，扩大居民消费增强消费对经济增长的驱动力不仅是后危机时代缓解需求约束的举措，也是"十二五"期间推进经济平稳较快发展的客观要求。基于前文的实证研究结果最后本书归纳了制约我国居民消费需求增长的三大主要因素：居民消费行为过于谨慎、收入分配不合理和公共支出转型滞后等。因此，化解制约居民消费增长的主要制约因素扩大居民消费促进中国经济又好又快发展需要相应的一系列制度安排：推进社会保障制度建设，健全社会保障体系；推进收入分配制度变革，完善收入分配结构；推进财政税收体制变革，优化公共支出结构；推进官员晋升机制变革，促进政府职能转型。

本书正是在我的博士论文基础上修缮而成。由于理论水平和研究水平的限制，本书仍然有很多错误和不足之处，恳请专家学者们批评指正。

刘东皇

2012 年 6 月

CONTENTS 目 录

导 论

导论部分主要是阐明本书选题的背景，基于这个背景提出问题，指出了本书研究的思路、结构、方法及意义，简要地阐述本书的主要创新点，从而使读者对全书的形成过程及其框架有一个基本的认识和了解。

第一节 研究背景及问题提出

一、研究背景

经济增长问题是经济学界的一个永恒研究主题。关于中国的经济增长问题，亚当·斯密在《国民财富的性质和原因的研究》中就曾这么论述：中国幅员辽阔，居民那么多，气候各种各样，因此各地有各种各样的产物，各省间的水运交通大部分又是极其便利，所以单单这个广大的国内市场，就能支持巨大的制造业，并且容许很可观的分工程度……假如能在国内市场之外，再加上世界其余各地的市场，那么，更广大的国外贸易，必能大大增加中国制造品，大大改进其制造业的生产力。改革开放三十多年来我国工业化、城镇化、市场化和国际化都在深入开展，经济保持了持续的"高增长"奇迹：支出法国内生产总值 GDP 从 1978 年的 3，605.6 亿元①增至 2009 年的 345，023.6 亿元，增长了近 100 倍，年均增长速度约 9.5%。经济高增长的过程中中国经济也不断地不断融入世界：进出口总额从 1978 年的 355 亿元迅速增至 2008 年的 179，921.5 亿元，增长了 500 多倍，2009 年由于受到国际金融危机影响进出口总额

---

① 若无特殊说明，本书的原始数据来源于历年《中国统计年鉴》或中经网、国研网数据库。

降至150，648.1亿元。在经济全球化过程中中国经济在国际分工体系中扮演着越来越重要的角色。

（一）外需迅速增长，高出口

经济增长的驱动结构由内需和外需构成，外需（出口）① 成为了中国经济高速增长的一支重要驱动力，"中国制造"不断走向世界：出口总额从1978年的167.6亿元增至2009年的82，029.7亿元，增长了近500倍。出口的增长速度远高于我国经济增长速度，外需率（出口占支出法GDP的比重）明显持续上升（见图0-1）：我国出口占支出法GDP的比重在改革开放初期非常低，1978年的外需率仅为4.65%，1986年外需率首次突破10%，1990年的外需率达到了15.43%，进入21世纪后我国外需率迅速攀升，上升速度相对较快，2000年的外需率为20.9%，到2004年外需率迅速突破30%，特别是2006年和2007年，外需率分别为35.01%和35.50%，达到了改革开放以来的最大值。2008年由于受到世界金融危机的影响我国外需率有所下降，降到32.72%，2009年进一步回落到23.78%。与此相反，我国内需率（投资和出口占支出法GDP的比重）则明显呈现持续下降趋势，1978年我国内需率为100.3%，到2007年达到最低值为91.1%，2008年后受世界金融危机和政府扩大内需政策的影响我国内需率略所上升。

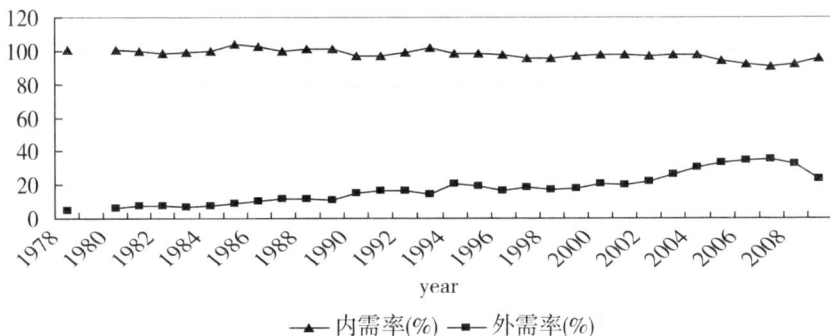

图0-1　内需率和外需率（%）②

在国际上（见表0-1），1978年世界平均的外需率为17%，其中发展中

---

① 一般来说外需指净出口，有的学者指出，若用净出口作为外需的指标，在净出口一定的条件，并不能区分"大进大出"和"小进小出"的情形，因此，这里使用出口作为外需的指标。

② 由于本书外需指出口而非净出口，因此，内外需率之和可能超过100%。

国家和发达国家的外需率分别为 13% 和 17%。我国 1978 年的外需率为
4.65%，改革开放初期我国外需率显然很低。到 2008 年，世界平均的外需率
为 28%，发展中国家和发达国家的外需率分别为 30% 和 27%。发达国家中日
本、美国、法国、意大利、英国和澳大利亚的外需率分别为 16%、11%、
27%、29%、26% 和 21%。发展中国家中墨西哥和印度分别为 28% 和 24%。
世界的各大国中德国、俄罗斯联邦、巴西等国的外需率超过 30%，处于较高
的水平。随着出口的迅猛增长，我国的外需率 2004 年也超过 30%，显著高于
世界平均水平，当前的外需率也高于发展中国家平均 30% 的水平。因此，在
世界各大国中我国的外需率处于相对比较高的水平。2001 年我国人均 GDP 突
破 1000 美元，2006 年超过 2000 美元，2008 年又进一步突破 3000 美元，在
2000～2008 年间我国经济高速发展，这段时期我国的 GDP 年增长速度年均在
10% 左右。从与高速经济增长体国家①的对比来看，我国 2000～2008 年的年
均外需率为 28.6%，日本、韩国和西班牙的年均外需率分别为 10.8%、
32.2% 和 12.8%。韩国的年均外需率略高于我国的外需率水平，而日本和西
班牙的年均外需率却显著地低于我国的外需率水平，我国的年均外需率显著高
于同一时期发展中国家 26.9% 的水平。综合来看，我国的外需率处于相对比
较高的水平。

表 0-1　经济增长驱动结构的国际比较（占 GDP 的%）

项目		消费	政府消费	居民消费	投资	出口
1978	中国	62.1	13.3	48.8	38.2	4.65
	世界	75	16	59	25	17
	发展中国家	73	12	62	27	13
	发达国家	75	17	58	25	17
2008	中国	48.6	13.3	35.3	43.5	32.72
	世界	–	17※	61	22※	28※
	发展中国家	–	14	56	30	30
	发达国家	–	18※	62	21※	27※

①　在发达国家中日本、韩国和西班牙的 1965～1973 年、1976～1987 年和 1968～1975 年与我国
2000～2008 年的经济发展阶段相同。

续表

项目		消费	政府消费	居民消费	投资	出口
年均 （1978～ 2008）	中国	60.5	14.0	46.1	37.7	17.0
	世界	76.55	16.8	60.6	22.6	20.8
	发展中国家	74.4	13.4	60.3	26.1	22.1
	发达国家	77.0	17.6	60.5	22	20.7
类似的发展阶段	中国（2000～2008）	54.8	14.6	40.2	40.6	28.6
	发展中国家 （2000～2008）	-	-	-	-	26.9
	日本（1965～1973）	62.1	11.2	51.0	36.3	10.8
	韩国（1976～1987）	71.3	11.0	59.9	30.3	32.2
	西班牙（1968～1975）	73.3	10.3	63.0	28.2	12.8

注：国际方面的原始数据来源于世界银行世界发展指标数据库，带※号的数字，是由于数据缺失，这里用最近的2006年的数据替代。

（二）高投资，低消费

内需对国民经济的拉动作用体现在消费需求和投资需求这两个方面，改革开放以来我国投资率（包括固定资本形成率和存货增加率）明显存在着在波动中持续上升的态势（见图0-2）。1978年我国的投资率为38.2%，2003年以后，投资率都超过了40%，2008年的投资率为43.5%，2009年为47.7%。与此相反，消费率则呈现持续下降趋势。1978年，我国消费率为62.1%，1993年消费率跌破60%，为59.3%，2006年跌破50%，为49.9%，2009年进一步降至48.0%，为改革开放以来的最低水平。

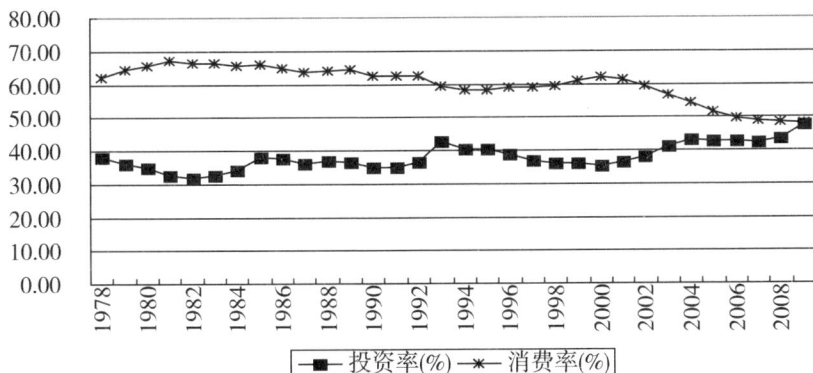

图 0-2　消费率与投资率（%）

　　投资的持续上升和消费的持续下降也可以反映在它们对经济增长的贡献率上（见图 0-3），1978~2009 年投资年均贡献率为 38.7%，投资年均拉动我国经济增长 4.2 个百分点，消费年均贡献率为 55.0%，消费年均拉动我国经济增长 5.4 个百分点，可见，在整个时期消费对经济增长的贡献高于投资。但随着近年来投资率的逐步提高，投资对经济增长的贡献作用日益增强，2002 年投资对经济增长的贡献率超过消费需求，从 2001 年到 2009 年投资年均贡献率达到 53.2%，而消费需求的年均贡献率则只有 41.7%。近年来投资对经济增长的贡献已明显超过消费需求。

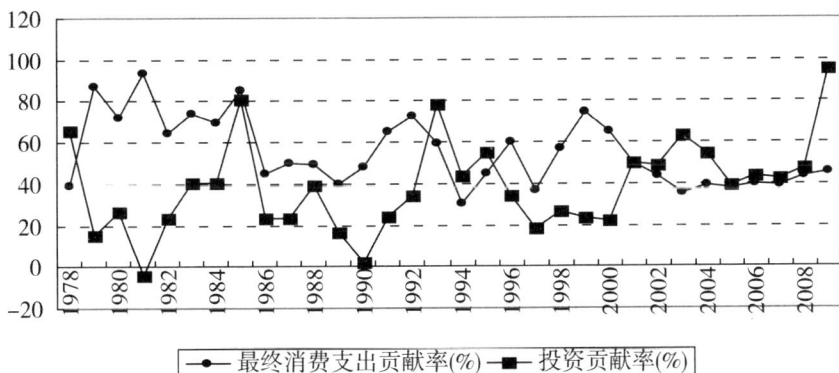

图 0-3　消费贡献率与投资贡献率（%）

　　在国际上（见表 0-1），我国投资率明显都高出国际水平，消费率则都低于世界水平。1978～2008 年全世界年均投资率为 22.6%，其中发达国家和发展中国家的年均投资率分别为 22% 和 26.1%。发达国家中美国、日本、德国、英国和法国的年均投资率分别为 19.2%、28.3%、21.3%、18.2% 和 20.3%，发展中国家中印度、巴西和墨西哥的年均投资率分别为 25.1%、19.3% 和 23.2%，而我国的年均投资率为 37.7%，不论是与发达国家比，还是与发展中国家比，我国都高出许多。1978～2008 年，全球年均消费率为 76.55%，其中发达国家和发展中国家的年均消费率分别为 77.0% 和 74.4%，发达国家中美国、日本、德国、英国和法国的年均消费率分别为 83.0%、70.2%、78.3%、83.0% 和 79.8%，发展中国家的印度、巴西和墨西哥的年均消费率分别为 76.7%、79.7% 和 77.0%，我国的年均消费率为 60.5%，明显低于世界其他国家水平。

投资率高于与我国相同经济发展阶段时候的发达国家投资率水平。与我国 2000～2008 年的经济发展阶段相同或相近的日本、韩国和西班牙的年均投资率分别为 36.3%、30.3% 和 28.2%，年均消费率分别为 62.1%、71.3% 和 73.3%，而我国的年均投资率和消费率为 40.6% 和 54.8%。日本、韩国和西班牙的年均投资率显著地低于我国的年均投资率水平，而我国年均消费率则显著地低于日本、韩国和西班牙的年均消费率水平。在 Chenery（1975）的标准结构中，人均 GDP 中值 1000 美元以上时消费率和投资率分别为 76.5% 和 23.4%，与标准结构相比，我国的投资率也偏高，消费率也偏低。因此，从相同经济发展阶段的国际比较上看，我国的投资率处于比较高的水平，而消费率处于比较低的水平。

（三）低消费表现为低的居民消费

消费需求包括政府消费和居民消费两部分。1978 年以来，随着经济的持续增长，居民消费率总体上则呈现持续下降趋势（见图 0 - 4）。数据显示，1978 年居民消费率为 48.8%，到 2009 年下降到 35.1%，30 几年间下降了 28.0%。与此同时，改革开放以来我国政府消费率大体保持稳定。1978 年政府消费率为 13.3%，2008 年政府消费率也为 13.3%，2009 年政府消费率为 12.9%，除了 1981～1983 三年间我国政府消费率分别为 9.6%、11.1% 和 10.9%，处于较低水平外其他年份我国政府消费率都几乎维持在 13%～15% 之间。因此，政府消费率的大体稳定和居民消费率的下降说明，消费率的下降主要表现为居民消费率下降，投资率的不断上升所挤占的消费需求主要是居民消费需求。

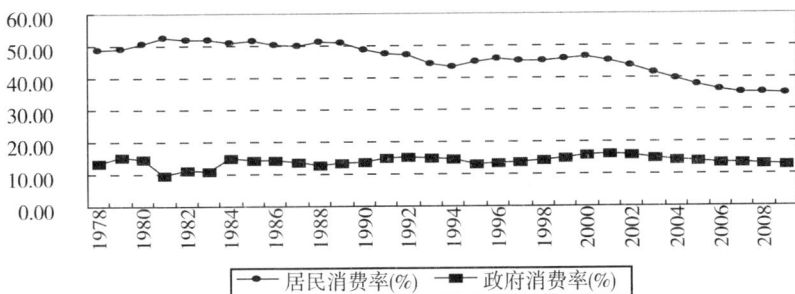

图 0 - 4　居民消费率与政府消费率（%）

在国际上（见表 0 - 1），1978 ~ 2008 年全世界年均居民消费率为 60.6%，其中发达国家和发展中国家的年均居民消费率分别为 60.5% 和 60.3%。发达国家中美国、日本、德国、英国和法国的年均居民消费率分别为 66.9%、54.9%、58.5%、62.3% 和 56.9%，发展中国家中印度、巴西和墨西哥的年均投资率分别为 65.5%、63.7% 和 66.7%，而我国的年均居民消费率为 46.1%，不论是与发达国家比，还是与发展中国家比，我国都非常低，远低于全世界的平均水平。同一时期全球年均政府消费率为 16.8%，其中发达国家和发展中国家的年均政府消费率分别为 17.6% 和 13.4%。发达国家中美国、日本、德国、英国和法国的年均政府消费率分别为 16.2%、15.2%、19.9%、20.6% 和 22.9%，发展中国家的印度、巴西和墨西哥的年均政府消费率分别为 16.0%、11.1% 和 10.1%，我国的年均政府消费率为 14.0%，虽然低于全世界的平均水平和发达国家水平，但却略高于发展中国家水平。

从经济发展阶段相同或相近的对比来看，与我国 2000 ~ 2008 年的经济发展阶段相同或相近的日本、韩国和西班牙的年均居民消费率分别为 51.0%、59.9% 和 63.0%。年均政府消费率分别为 11.2%、11.0% 和 10.3%。而我国年均居民消费率和政府消费率为 40.2% 和 14.6%。在 Chenery（1975）的标准结构中，人均 GDP 中值 1000 美元以上时居民消费率和政府消费率分别为 62% 和 14.5%。因此，我国政府消费率并不低于经济发展阶段相同或相近的世界其他国家水平，但居民消费率都显著低于经济发展阶段相同或相近的世界其他国家水平。综合分析，我国政府消费率不见得偏低，但居民消费率无论从哪个角度讲都是偏低的。

综上所述，改革开放以来我国外需所占比重持续上升，且目前在国际上处于较高的水平，内需所占比重持续下降；在内需中投资所占比重持续上升，且在国际上处于较高的水平，而消费所占比重持续下降，且在国际上处于较低的水平；在消费需求中政府消费所占比重基本稳定，几乎维持在13%～15%之间，与国际水平大致相当，居民消费所占比重持续下降，且在国际上处于较低的水平。投资和出口在我国经济增长过程中发挥的作用越来越重要，消费需求，特别是居民消费在增长过程中发挥的作用越来越微弱，2000年后投资对经济增长的贡献率甚至超过消费对经济增长的贡献率。进一步从经济增长的需求层面可以用简单的一句话把我国经济增长的驱动结构特征概括如下：高出口、高投资和低消费，其中的低消费主要表现为低的居民消费。

外需在我国高速增长过程中成为越来越重要的驱动力，这同时也意味着国际市场的不确定性风险对我国经济的影响会越来越大。2008年的一场突如其来金融危机使全球经济面临衰退，这场危机的主要特点是波及范围广、破坏程度大、持续时间长等等。在危机中主要贸易伙伴（美、日、欧等）的经济都不同程度受到重创，我国经济持续增长面临的外部环境显著恶化。在经济高速增长的重要阶段，外部环境的恶化使我国经济的"生产相对过剩"特征更加凸显，经济增长越来越受到有效需求不足的约束，经济下行压力巨增（见图0-5）。在危机中我国政府适时实施积极的财政政策和宽松的货币政策，有效应对了国际金融危机巨大冲击，经济继续维持了平稳较快发展的良好态势，而对全球经济是否会不会再次探底的结论还言之尚早。在后经济危机时代，中国如何从经济复苏走向可持续增长，仍然是当前面临的重大课题。

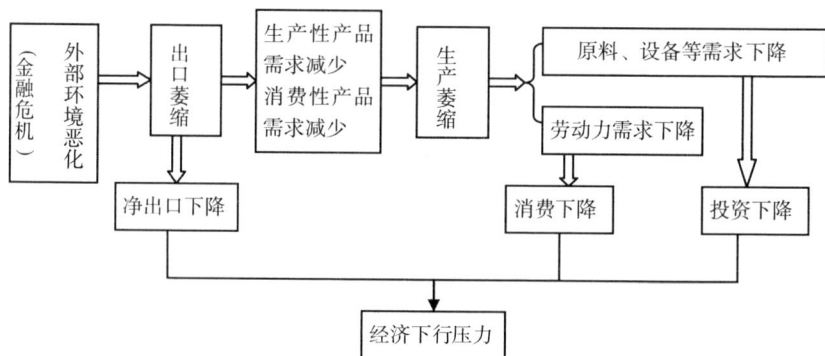

图0-5 后危机背景下经济增长的下行压力

对出口来说，高出口可能无法持续：一，从外部环境看，近年来经历金融危机和欧债危机，世界整体经济增长速度放缓，全球的需求结构出现明显变化，各种形式的保护主义抬头，围绕市场、资源、人才、技术等的竞争将会更加激烈，由此我国发展的外部环境更趋复杂化，出口导向型经济可能不会像过去那样风光无限，过去的经济增长模式面临着严峻挑战；二，从内部环境看，人民币可能持续升值，低成本的竞争优势将会受到削弱，中国劳动力成本将可能持续提升，依托廉价劳动力获取竞争优势的中国代工制造业已步履维艰，然而其转型升级是个逐渐缓慢的过程，在转型升级之前其出口竞争力必然会受到削弱；三，从中国的国际地位上看，当前我国已成为全球的第二大经济体，进出口总额位于世界第二，出口总额位于世界首位，对于大国经济，继续向过去一样主要依托低劳动成本靠出口驱动经济发展显然是不现实的。对投资而言，高投资面临系列约束：一，环境和资源约束，由于主要是政府投资主导，投资带有很强"粗放型"特征，在此投资模式下，投资需求的继续快速增长面临着巨大的环境约束和资源约束；二，最终需求的约束，投资需求是中间需求，没有最终需求的支撑是不可持续的。持续走低的消费率及居民消费率反映出我国过去经济增长并不是靠消费驱动，居民消费需求不振，消费对经济增长的导向和拉动作用并没有得到充分发挥。"十二五"规划中指出，"十二五"期间要"建立扩大消费需求的长效机制。把扩大消费需求作为扩大内需的战略重点，通过积极稳妥推进城镇化、实施就业优先战略、深化收入分配制度改革、健全社会保障体系和营造良好的消费环境，增强居民消费能力，改善居民消费预期，促进消费结构升级，进一步释放城乡居民消费潜力，逐步使我国国内市场总体规模位居世界前列"。

过去投资和出口驱动型经济增长使我国维持了三十几年的高速增长，但同时我们也发现，在经济快速增长过程中，出现了一系列令人深感忧虑的问题：经济增长的资源约束、环境约束强化，经济结构失衡，收入分配差距扩大，科技创新能力不强，产业结构不合理，城乡、区域发展不协调，等等。探究这些问题的背后，其中的一个重要原因就是我国过去经济增长模式的不合理，经济增长方式还没有真正实现由"粗放型"向"集约型"转变，经济增长的驱动结构仍然以投资和出口需求拉动为主，消费需求并未成为经济增长的重要驱动力量。

二、问题提出

扩大居民消费增强消费对经济增长的驱动力不仅是应对当前国际形势不稳定、国内经济需要保持一定较高速度增长的应急对策，也是我国经济发展到一定阶段后结构调整的内在需要。"我国在进入需求约束型经济后，增长就不能仅仅依靠投资的拉动链条，需要特别重视消费的拉动链条。"[1] 为了实现我国未来一二十年甚至更长时间里的经济持续健康发展需要扩大居民消费，以充分发挥消费对经济增长的导向和拉动作用。

基于扩大居民消费的视角，本书试图解决的问题是：

（1）在扩大居民消费的问题上，当前的居民消费行为是不是表现为过于谨慎，即是否存在"不敢消费"的问题？

（2）在消费能力方面，当前的收入分配制度是否限制居民消费需求的扩张，即是否存在"不能消费"的问题？

（3）在消费环境方面，政府提供的公共品服务是否能对居民消费发挥公共支出的挤入效应呢？

（4）作为需求因素之一的居民消费对经济增长的作用机理是什么，我国居民消费的经济增长绩效如何？

带着这些问题，针对中国（居民）消费疲软的现实特征，本书以居民消费为研究的着力点，在归纳居民消费的制约因素的问题上，首先运用主流预防性储蓄理论基于未来不确定性视角对我国居民消费行为的谨慎程度进行分析，之后从收入分配和公共支出的两个较为宏观的角度对扩大居民消费的问题进行较为深入的研究，接着进一步研究了居民消费的增长效应问题，最后提出相应的政策建议以改善民生进而促进经济持续健康发展。

第二节　研究思路、结构、方法及意义

一、研究思路

由过去的出口和投资驱动型经济增长逐渐向消费、投资和出口协调驱动型经济增长转变，这需要扩大居民消费、增强消费对经济增长的拉动作用。本书

---

[1] 见洪银兴：马克思的消费力理论和扩大消费需求 [J]．经济学动态，2010（3）：11。

从经济增长的需求角度出发，基于这个转型背景，研究制约中国居民消费增长的因素及居民消费的增长效应问题。本书的研究主要从以下两个层面进行分析：

（1）在归纳居民消费的制约因素扩大居民消费的问题上，首先运用主流的前沿消费理论分析我国居民是否存在谨慎的消费行为，之后从收入分配和公共支出两方面分别探索它们与居民消费之间的关系，进而从这三方面分别归纳出制约居民消费需求增长的因素，为政府制定相关的宏观经济政策和推进相关的体制改革提供政策建议。

（2）在居民消费驱动经济增长的问题上，从需求层面研究扩大居民消费促进我国经济持续健康发展的基本理论问题。深入分析居民消费驱动经济增长的作用机制，运用计量经济学等分析方法与分析工具探讨居民消费与经济增长之间各种量的关系，最后指出当前的背景下扩大居民消费是推进经济持续健康发展的适宜举措，为政府制定宏观经济政策和推进相关的体制改革提供理论依据。

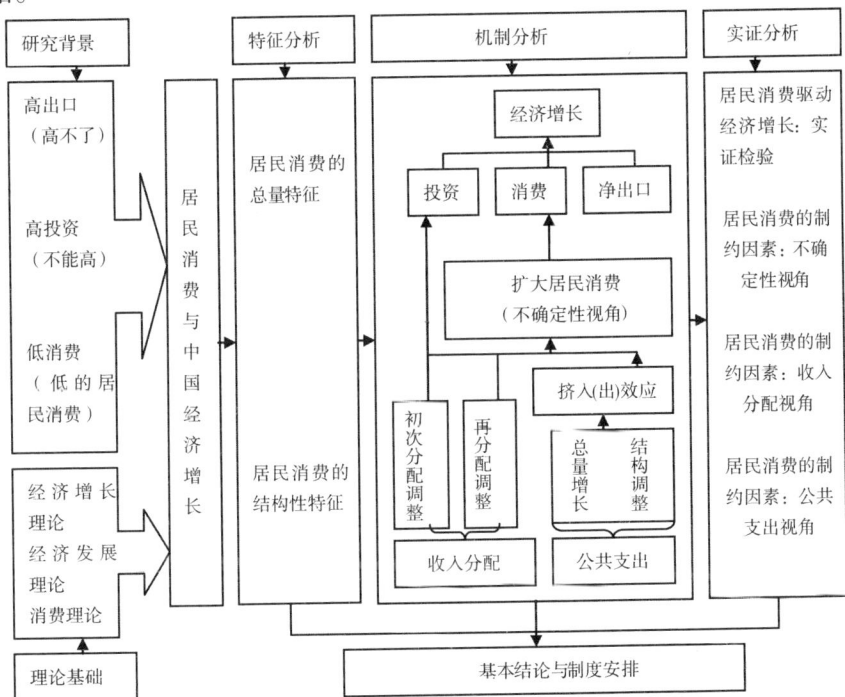

图 0 - 6 本书研究的技术路线

二、研究结构

虽然统一的理论框架有助于保持理论的完整性，但本书并不致力于将问题置在一个统一框架下进行研究。因为研究我国居民消费的问题是相当复杂的，至今尚未有一套理论能给出完满的解答。因此，在综合各种相关理论有益部分的基础上，本书以居民消费为着力点，从居民消费行为的谨慎程度、收入分配和公共支出三个角度考察我国居民消费的制约因素，基于经济增长的需求面研究居民消费的经济增长效应问题。本书的主要内容和结构安排如下：

导论部分介绍了本书的研究背景，依据现实背景提出问题，基于这个背景指出了研究高速经济增长过程中国居民消费问题的重要理论和实践意义，指出了本书的研究思路、内容结构和研究方法以及研究的创新之处。

第一章对国内外相关的理论及研究进行一个系统的回顾和简评，使得本书的研究能够保持一定的前沿性。

第二章基于总量和结构视角对改革开放以来中国居民消费的状况进行统计描述性分析，并概括出特征，为后文的进一步研究奠定了现实的基础。

第三章是扩大居民消费驱动经济增长的机理分析。首先在简要分析我国居民消费的影响因素后，对扩大居民消费的问题，分别从未来的不确定性、收入分配和公共支出三个角度考察它们影响居民消费的作用机理。接着从理论上分析了需求约束下居民消费驱动经济增长的作用机理。通过对扩大居民消费驱动经济增长的机理进行系统分析，为后文的实证研究奠定了理论基础。

第四章基于不确定性视角运用当前主流的预防性储蓄理论对我国居民谨慎的消费行为进行分析。首先运用计量经济学分析工具测算了我国居民预防性储蓄动机强度的动态变化，接着对可能影响我国居民谨慎消费行为的因素进行了实证研究，最后得出制度变迁经济转型及其所带来的收入不确定性是影响我国居民消费行为的重要影响因素，主流预防性储蓄理论能够很大程度上解释了我国居民谨慎的消费行为，针对居民"不敢消费"的问题需要通过完善社会保障体系等匡正居民消费行为以扩大居民消费。

第五章作为全文的核心内容之一，针对居民"不能消费"的问题从收入分配的角度进行研究。首先分析了我国收入分配的现状和特征，当前的收入分配状况可能极大限制了居民消费的增长，接着分别从初次分配和再次分配两个角度依据理论分析通过建立计量模型系统地实证检验了收入分配作用于居民消费的影响机制，得出收入分配的不合理显著地制约了居民消费的扩张，依据实证研究结论为扩大居民消费的收入分配的政策调整提供思路。

第六章从公共支出的角度进一步研究扩大居民消费的问题。在分析我国公共支出的现状和特征之后，依据理论分析通过建立计量模型侧重从结构角度实证检验了二元经济结构下我国公共（支农）支出作用于居民消费的影响机制，得出公共支出的转型滞后也显著地制约了其消费效应的充分发挥，依据实证研究结论为扩大居民消费的公共支出转型提供思路。

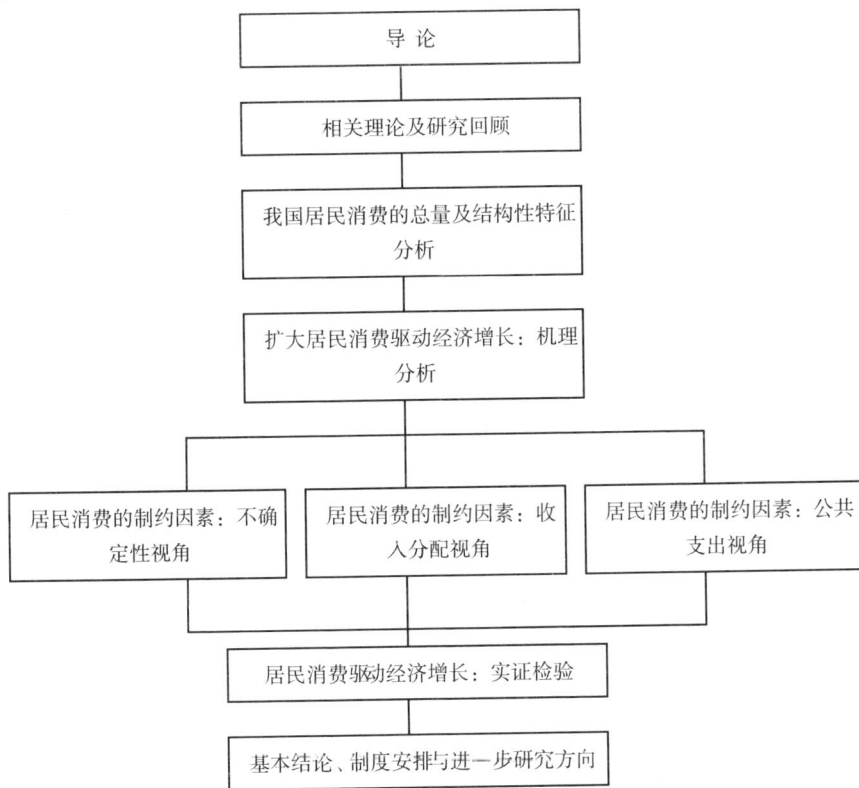

图 0-7　本书的框架结构

第七章对居民消费驱动经济增长的作用机制进行了实证检验。作为需求因素之一的居民消费是影响经济增长的重要因素，首先测算了居民消费对中国经济增长的贡献，接着运用计量经济学等分析工具对居民消费与中国经济增长之间的因果关系进行了实证研究，并进一步分析居民消费驱动中国经济增长的动态特征，通过与其他需求因素的经济增长效应进行比较分析从而得出当前背景下扩大居民消费有利于推进我国经济的可持续发展的重要结论。

第八章根据前文的分析对全文进行总结，概括出扩大居民消费增强消费对我国经济增长拉动力的主要动因和中国居民消费的主要制约因素，并根据实证研究的结论提出了扩大居民消费促进中国经济持续健康发展的相应的制度安排，最后进一步指出本书有待进一步研究的问题。

三、研究方法

根据研究对象，为达到基本研究目的，本论文拟采用多种研究方法，力求构建比较严密的逻辑结构：现状——理论——实证——对策。具体的研究方法如下：

（1）辩证分析法。运用这一方法，就是坚持对立统一的观点、联系的观点、发展的观点、全面的观点、具体问题具体分析的观点和实事求是的观点认识事物，揭示事物的本质特征和运动规律。按照事物的自身发展规律来认识事物，这是贯穿全文研究的基本方法。

（2）比较分析法。比较分析法就是将相同或相近的事物在一定法则下进行比较分析，找出它们之间的相同点与异同点。本书大量使用这种方法，主要通过对城乡间、各变量间及变量的国际比较等多维度进行比较分析，从而归纳出事物的本质特征，找出问题所在。

（3）结构分析法。结构分析法是本书运用的又一个重要的研究方法。将我国经济增长的驱动结构分为内需和外需两大部分，其中，内需结构又包括消费、投资及居民消费内部结构等。在对扩大居民消费的问题上也从收入分配结构和公共支出结构角度进行分析，等等。通过运用这种结构分析方法，可以更深入地分析中国高速经济增长过程居民消费问题。

（4）模型分析法。在居民消费驱动经济增长的机理和扩大居民消费的作用机理方面本书侧重从模型分析，力求使机制分析更明晰。

（5）定性分析与定量分析相结合的方法。这是做研究比较公认的研究方法，本书除了运用定性分析方法外，主要采用了统计分析法和计量分析法等，从量的角度对数据进行分析，对我国高速经济增长过程中居民消费的相关问题进行实证论证和阐明，力求定量更准确，定性更深刻。

四、研究意义

当前，我国政府正努力制定一系列相关政策来扩大内需特别是刺激消费需求，以使我国经济实现持续健康较快发展。因此，基于现实背景和政策背景较为深入地研究高速经济增长过程中国居民消费的相关问题具有重要的理论和现实意义。

（1）理论意义：第一，在扩大居民消费的问题上基于主流预防性储蓄理论分析我国居民谨慎的消费行为，并从收入分配和公共支出视角研究扩大居民消费的作用机理，并进行实证检验，有利于丰富消费经济理论的内容；第二，对居民消费影响经济增长的作用机理进行较为系统分析，并进行实证检验，有利于丰富经济增长理论的相关内容；最后，对我国经济可持续健康发展问题从需求角度着力于居民消费这这个着力点进行相对较为系统的研究，为后续的相关研究提供了一个进一步研究的基础。

（2）实践意义：一方面，在扩大居民消费的问题上，基于居民不敢消费、不能消费和不愿消费的考虑分别从未来不确定性、收入分配和公共支出三个角度实证检验了它们影响居民消费的作用机理，进而概括出我国居民消费的主要制约因素，为政府制定促进我国经济增持续健康发展的居民消费启动途径的相关政策提供参考。另一方面，基于需求层面分析我国居民消费的总量和结构性特征，分析了居民消费对宏观经济的增长效应，有利于为有关部门扩大居民消费的宏观调控政策制定提供理论和实证支持。

第三节　本书的创新点

消费问题和经济增长问题是经济学界的两大古老研究主题，相对于前人的研究，概括而言，本书的主要创新点大致有如下几个方面：

（1）西方主流的经济增长理论侧重从供给角度分析经济增长的源泉，而主流的消费理论则是在代表性消费者的假设下研究消费和收入的关系，西方主流理论都是建立在成熟市场经济下的理论，而我国经济正处于高速增长的阶段，仅仅根据主流的理论分析我国的经济现象是不够的。本书结合经济增长理论、消费理论和发展经济学理论等的相关研究成果，并注重将这些理论和相关研究成果与中国实践相结合，基于需求和结构视角，在经济增长模式转型的背景下研究中国居民消费的制约因素及增长绩效问题，是属于比较创新的视角。

（2）基于计量分析和统计分析工具及方法剖析中国经济高速增长过程中居民消费的总量及结构性特征，从需求层面分析居民消费驱动经济增长的作用机制并实证检验了我国居民消费的经济增长效应：测算了居民消费对中国经济增长的贡献，研究了居民消费与中国经济增长之间的因果关系及其之间的动态特征，在通过与其他需求因素（投资等）的经济增长效应进行比较分析后，最后指出当前背景下扩大居民消费更有利于我国经济可持续增长。

（3）针对学者们认为中国居民消费不振与转型期居民谨慎的消费行为紧密相关，本书基于预防性储蓄理论实证研究了未来不确定性对居民消费的影响，这部分的主要贡献有：一，测算了居民预防性储蓄动机强度的时序变化，当前文献虽用不同方法估测了城镇或农村的预防性储蓄动机的存在性及其强度，但缺乏动态分析，也未体现城乡差异性；二，实证分析了转型期不确定因素特别突出制度因素对城乡居民的预防性储蓄行为的影响；三，指出了预防性储蓄理论能有力解释我国居民谨慎的消费行为，居民消费过于谨慎显然制约了居民消费的扩张，针对转型期中国居民的"不敢消费"通过完善社会保障体系等匡正居民消费行是扩大居民消费的有效举措，但这样的分析结论是在居民部门收入流既定的假设下才比较有说服力，且它也忽视了消费者之间的"异质性"，应从收入分配等宏观角度进行分析。

（4）在分析收入分配和居民消费之间关系方面，针对学者们主要从居民收入差距这个终极指标分析其对居民消费的影响，本书分别从初次分配和再分配两个维度较为系统地分析了完善收入分配制度扩大居民消费的作用机制。在初次分配方面，劳动者报酬的提升是扩大居民消费的有力政策杠杆，但其对投资需求存在负面影响，基于扩内需的现实背景本书进一步研究了劳动者报酬提升的需求效应，研究结果表明我国内需体系为"利润领导型"，为推进我国经济的又好又快发展在提升劳动者报酬的同时应运用财税等政策杠杆推进投资结构优化和完善再分配制度等。在完善再分配制度方面，实证研究表明收入差距的扩大通过作用于社会消费倾向显著地制约着居民消费需求，但在其内部构成上，城镇居民收入分配差距对其消费需求有着显著的负面影响，城乡收入差距对居民消费的负面影响次之，农村居民收入分配差距对其消费需求的影响并不显著。收入再分配的政策调整应注重缩小城镇居民内部的收入差距和缩小城乡收入差距，以发挥收入再分配的消费效应。

（5）公共支出作为再分配的一个重要手段，是影响居民消费的重要影响因素，基于前人的研究成果本书在中国特有的二元经济结构下进行研究，侧重从公共支出结构视角全面地分析公共（支农）支出影响居民消费的作用机制，在实证分析的基础上，本书认为我国公共支出转型的滞后显著地制约了公共支出消费效应的充分发挥。虽然公共支出的规模扩张对城镇和农村的居民消费都具有挤入效应，但公共支农支出对农村居民消费的挤入效应并不显著；在公共支出结构方面，仅社会文教方面的支出对居民消费具有显著的挤入效应，但社会文教方面的支出的增长却相对缓慢，由于公共支出的"非农偏好"，社会文教费的增长对城镇居民消费的挤入效应显著地强于对农村居民消费的挤入效应，而在公共支农支出结构方面，仅农业科技3项费用支出对农村居民消费具有显著的挤入效应，但农业科技3项费用支出占公共支农支出的比重却非常低；在分析公共支农支出对农村居民消费不存在显著挤入效应的原因方面进一步从公共支农支出消费效应的区域特征方面分析，虽然东、中和西部地区的公共支出对农村居民消费都具有显著的挤入效应，但公共支农支出的消费效应却存在区域性特征，东、西部的公共支农支出对农村居民具有挤入效应，而中部地区作为传统的农业大省的集中区域其公共支农支出对农村居民消费却不存在显著的挤入效应。

第一章

相关理论及研究回顾

（居民）消费问题和经济增长问题都是经济学界的两大基本问题，消费理论分析（居民）消费增长的问题，而经济增长理论则探究经济增长的源泉和动力。本章对有关居民消费的影响因素及居民消费的增长效应的国内外相关理论和研究进行一个简要的综述。结构安排如下：第一部分基于主流消费理论视角对居民消费的相关研究进行梳理；第二部分基于非主流消费理论梳理了居民消费的相关研究；第三部分则进一步简要输理了居民消费需求驱动经济增长的相关研究；最后是对国内外相关理论及研究作下简要的述评。

第一节　主流消费理论对居民消费的研究

主流消费理论是在代表性消费者的理论假设下以消费和收入的关系为研究主线分析消费增长问题，收入对解释（居民）消费行为具有绝对的重要性。关于收入和消费的最早研究可以追溯到凯恩斯的消费函数，在凯恩斯创造性地引入收入这个变量之前，人们更多的则是认为消费（储蓄）行为由利率来决定。凯恩斯认为消费者的收入越高，则消费占收入的比重就越小，从凯恩斯提出边际消费倾向递减规律以来，西方对消费问题的研究从未停止。对西方消费理论进行梳理后，可以刻画如下的消费理论发展脉络图（图 1 - 1），概括来说，其演进过程大致可划分为四个阶段①：第一阶段是 20 世纪 30 年代初期～50 年代中期，以绝对收入假说和杜森贝利的相对收入假说为代表；第二阶段是 50 年代中期～70 年代中后期，以弗里德曼的永久收入假说和摩迪里安尼的

---

①　在朱国林等（2002）对消费理论的划分中，西方主流消费理论被划分为三个阶段，本书这里将随机游走假说和预防性储蓄理论分开，以彰显预防性储蓄理论在主流消费理论的前沿性。

生命周期假说为代表；第三阶段是 70 年代中后期~80 年代初期，霍尔（Hall，1978）引入理性预期理论，提出了随机游走假说（理性预期的持久收入假说）；第四阶段是 80 年代中期以后，以预防性储蓄理论和包含流动性约束假说的预防性储蓄理论为代表。

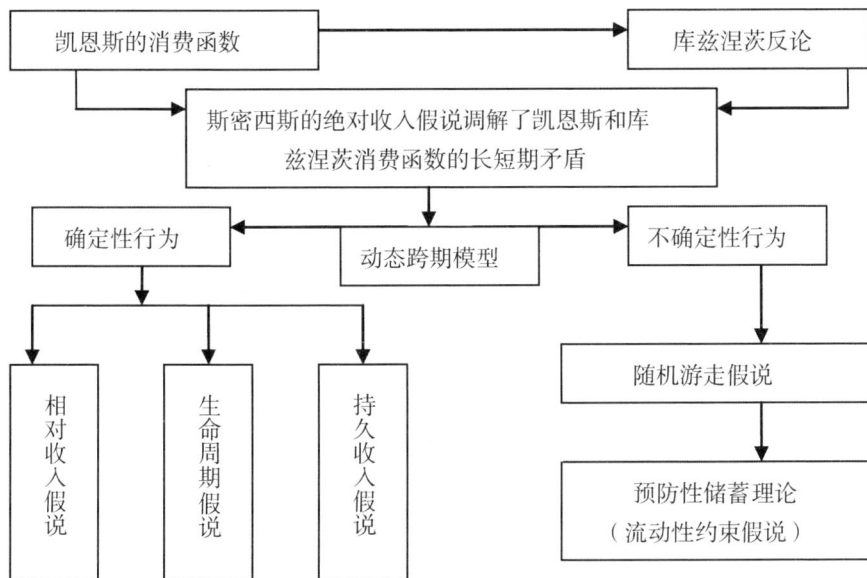

图1-1 西方主流消费理论的演进脉络

近几十年来关于（居民）消费问题的前沿研究大部分属于预防性储蓄理论（Zeldes，1989；Deaton，1991；Carroll，1992，2004；Guiso 等，1992；Dynan，1993；Wilson，2003；等）的内容。所谓预防性储蓄（Precautionary Saving）就是居民由于面临未来的收入不确定性或为了在将来支付各种不可预测的支出而拥有的储蓄，在此动机下形成的储蓄即是预防性储蓄。例如，人们为了应付未意料之中的未来开支，当前会进行更多的储蓄，从而会刺激家庭储蓄的增长。在理论上 Leland（1968）首次研究了收入不确定性对消费的影响，并且指出，在消费者效用函数的三阶导数大于 0 的条件下，当未来收入面临不确定的时候，消费者存在预防性储蓄行为。利用两期跨期模型 Sandmo（1970）得出了当消费者面临的未来收入不确定性增加，消费者最优化化行为是减少消费增加储蓄。Sibley（1975）和 Miller（1976）则进一步在多期的环境下进行研究，指出效用函数三阶导数为正是预防性储蓄存在的必要条件。基于 Leland

的开创性研究成果，Zeldes（1989）根据动态规划的递归原理，对不确定性情况下的最优消费路径进行搜索，其数据模拟结果肯定了不确定性对消费者消费行为的影响能力。Deaton（1991）与 Carroll（1992）结合流动性约束假说引入预防性储蓄理论，提出了"缓冲存货"模型（Aizenman，1998；Carroll，2004）。在代表性消费者的跨期最优选择框架下 Dynan（1993）的预防性储蓄模型的结论为：$E_t \left[\frac{c_{t+1} - c_t}{c_t} \right] = \frac{1}{\zeta} \left[\frac{r_t - \delta}{1 + r_t} \right] + \frac{\rho}{2} E_t \left[\left(\frac{c_{t+1} - c_t}{c_t} \right)^2 \right]$，其中 $\zeta = -c_t$（u'''/u'）为相对风险厌恶系数，$\rho = -c_t$（u'''/u''）为"谨慎"系数。消费者效用函数的三阶导数大于 0，保证了 ρ 值在理论上为正，此时，预期未来较高的消费增长（当前的超额储蓄）与预期未来消费增长的平方（较大的不确定性）成正相关，消费者的预期消费增加导致其减少当期消费，消费者当期正在进行着预防性储蓄。因此，预防性储蓄对消费的影响程度很大程度上决定于"谨慎"系数（预防性储蓄动机）的大小，使用有关消费的抽样调查数据 Dynan（1993）进一步估计了"谨慎"系数，研究结果并没发现消费者存在很强的预防性储蓄动机。考虑不确定性问题的预防性储蓄理论通过放宽二次型效用函数的假定，对霍尔的随机游走假说进行了修正，使得模型更符合了现实。在确定性条件下根据生命周期假说消费者最优的消费行为取决于一生的收入，而在不确定性条件下消费者的最优消费行为往往随着收入波动而同步变动（Carroll，2006），消费者消费（储蓄）行为不仅是在整个生命期将收入均等分配，还为了防范未来发生不确定事件所带来的风险，预防性储蓄理论还可以解释理性预期的持久收入假说所不能解释的消费"过度敏感性"和"过度平滑性"的问题（Zeldes，1989；Caballero，1990）。

预防性储蓄理论是当前解释居民消费行为的前沿理论，然而目前还没存在一个测量不确定的简单和统一的方法。由于所使用的模型和样本数据的差异，从国际经验来看，国外学术界在预防性储蓄动机多大程度影响居民消费的问题上尚未形成统一一致的结论。如 Skinner（1988）发现预防性储蓄可以解释美国家庭整个财富的 56%，Caballero（1990）、Wilson（2003）等的研究进一步支持了 Skinner（1988）的发现，Dardanoni（1991）利用英国农户的数据也发现，60% 以上储蓄是出于对未来收入不确定性的预防；Guiso 等人（1992）以个人资产的差异代表不确定性，研究结果却发现虽然美国家庭存在显著的预防性储蓄动机，但意大利家庭预防性储蓄大约等于永久性收入的 0.1%，其占家庭净资产不到 2% ；而 Kuehlwein（1991）甚至发现了负预防性储蓄动机的存在。

随着西方主流消费理论逐步引入我国经济学界，国内学者运用国外主流消费理论对我国居民消费问题进行了大量的实证研究。从国内经验来看，早些年，绝对收入假说、相对收入假说、持久收入假说和生命周期假说在我国都得到了验证，而随机游走假说基本上被否定（臧旭恒，1994，2004）。20 世纪 90 年代中后期以来，国内对居民消费的研究多采用预防性储蓄理论，这方面的文献很多，如宋铮（1999）、孙凤（2001）、施建淮和朱海婷（2004）、周建（2005）、易行健等（2008）、等等。

宋铮（1999）选取中国城市居民收入的标准差来衡量未来收入不确定程度，利用 1985～1997 年的时间序列数据对我国城乡居民储蓄余额的年增加值进行了回归分析，结果发现未来收入的不确定性是中国居民储蓄的主要原因。孙凤（2001）用 1991～1998 年 35 个大城市居民货币收入剔除季节性影响的月度数据的标准差作为收入不确定性的指标，结果也表明我国城镇居民的确存在着显著的预防性储蓄动机。万广华等（2001）则以收入增长的预测误差值的平方作为不确定性的指标，结果发现流动性约束和未来收入的不确定性是我国边际消费倾向不断下降的主要原因。杭斌和申春兰（2002）采用滞后一期的城市居民服务项目价格指数和城镇居民家庭负担率作为预防性储蓄动机的替代变量，发现预防性储蓄动机增强是我国近年来消费低迷的一个重要原因。刘金全等（2003）运用 ARCH 模型通过对我国居民在耐用品和非耐用品上的消费行为分析，认为我国居民整储蓄增加当中大约 20% 是出自预防性储蓄动机。李勇辉和温娇秀（2005）的研究说明中国城镇居民储蓄行为中存在较强的预防性动机。周建（2005）利用 1978～2003 年数据通过消费函数的变参数空间状态模型分析表明农户存在着显著的预防性储蓄动机，整个储蓄增加当中约 70% 是出自预防性储蓄动机。易行健等（2008）则选择中国农村居民 1992～2006 年间的分省面板数据，采用固定效应和工具变量法分析表明，我国农村居民存在很强的预防性储蓄动机，并且西部农村居民的预防性储蓄动机要强于中部与东部农村居民。Yoo and Giles（2002）、万广华等（2003）、刘兆博和马树才（2007）运用微观家庭数据对中国农村预防性储蓄的存在性及其对储蓄决策的贡献程度进行了研究。这些研究大都表明，不确定性对我国居民消费行为具有显著的影响，预防性储蓄理论能够在一定程度上解释了我国居民谨慎的消费行为。

此外，另有部分学者（龙志和和周浩明，2000；施建淮和朱海婷，2004；等等）基于 Dynan（1993）模型对中国居民预防性储蓄强度进行了测度，并得出了不同的结论：龙志和与周浩明（2000）选择平行面数据估测出我国城镇居民的预防性储蓄动机强度约为 5.08；施建淮和朱海婷（2004）的研究则发现我国 35 个大中城市居民的相对谨慎性系数约为 0.878，研究结论表明城市居民虽然存在预防性动机，但预防性储蓄动机并非那么强烈。

综合来看，预防性储蓄理论是研究居民消费行为的前沿理论，学术界对居民预防性储蓄可能的存在性问题已经没有什么异议，但是在预防性储蓄是否重要这个问题当前仍然存在很大争议，"一旦结果证明预防性储蓄在经济上是重要的，那么不确定性和预防性储蓄行为就会对宏观、微观领域理解消费和储蓄行为起重要作用"（朱春燕和臧旭恒，2001）。

第二节　非主流消费理论对居民消费的研究

主流消费行为理论虽然具有坚固的微观基础，但都在代表性消费者的这一严格的假设下进行分析的，社会阶层之间的消费行为的"异质性"被排除掉了，这种不合现实的假设遭受到了很多学者们的质疑，正如 Stoker（1986）指出，主流消费理论中完全忽视消费者"异质性"的代表性消费者的假设是有问题的。消费者"异质性"意味着社会是分层的，各阶层存在着不同的消费函数，或者表现为消费倾向存在差异，这就一定程度肯定了收入分配（再分配）对消费的重要影响。

一、收入分配与居民消费需求

卡莱茨基（Kalecki，1971）基于消费者"异质性"的考虑率先从收入分配（Income Distribution）角度研究收入分配和有效（消费）需求的关系。卡莱茨基模型是一个简单的封闭经济模型，它假设经济系统中只要两个阶级：资本家和工人。工人的工资全部用来消费，而资本家的消费是现期利润的函数①，其消费函数与绝对收入假说一致，这样收入从资本家向工人的转移必然提高了社会总消费。循着卡莱茨基的思路温特劳布（Weintraub，1983）进一步从消费倾向的角度进行分析，他假设工人的收入并非全部用于消费，也存在着储蓄倾向，但工人的储蓄倾向和资本家的储蓄倾向存在差异，资本家由于富有，所以更有能力储蓄，资本家的储蓄倾向要高于工人，由于储蓄（消费）倾向存在差异因此收入再分配是引起社会消费变动的的一个重要影响因素。以卡莱茨基和温特劳布为代表的后凯恩斯主义学派发展了一条不同于主流学派的思路，即基于消费者的"异质性"开始关注收入分配对有效需求的影响。其基本的观点是，收入差距扩大的直接后果就是加剧贫困的问题，导致低收入者的消费需求不足，使得社会总消费需求不足（Todaro，1984）。这一观点很大程度上也得到了实证上的支持，Blinder（1975）设计了两种计量方法对收入差距与消费需求的关系进行检验，检验结果表明缩小收入差距有助于提高社会消费水平。运用多国数据 Musgrave（1980）也对收入差距与消费需求的关系进行检验，虽然对维持基本生活收入而言收入差距的变化对消费需求影响不显著，但在超额收入部分，收入再分配的消费效应是存在的。Stoker（1986）的实证结果认为，宏观消费函数的形式不仅仅是由微观消费函数的形式决定的，还决定于社会收入分配的状况。缩小收入差距有利于扩张消费需求的这一观点主要反映在后凯恩斯主义经济学关于收入分配与经济增长关系的基本思想中。相对主流消费理论而言，收入分配和消费的关系在西方其实并不受到足够重视，但我国特有的"二元经济"特征，在经济转型过程中呈现出城乡收入差距、贫富差距逐渐扩大等一系列经济现象，研究收入分配和消费的关系确是一个重大问题。

在理论分析上，跟随后凯恩斯主义消费理论基于边际消费倾向递减规律学者们试图从理论上论证收入差距与消费倾向之间的负相关关系，这方面最具有代表性的是李军（2003）发展了后凯恩斯主义消费理论的思想，他假设高、低收入阶层的收入分别为 Y_h 和 Y_l（总收入 $Y = Y_h + Y_l$），平均消费倾向分别为 c_h 和 c_l，$c_h < c_l$，$\beta = Y_h/Y$ 代表高收入阶层的收入占总收入的比重，用以刻画

① 其实这种思想在马克思的《资本论》中早有体现，马克思指出，在扩大再生产过程中，工人的工资收入又可以表示为工人消耗掉的消费资料，而资本家并不是把全部的剩余价值用于消费，把其中的一部分积累起来用于追加资本投入。

收入差距，最后计算出收入差距变动对总消费的影响为 $\frac{\partial C}{\partial \beta} = (c_h - c_l)$。由于 $c_h < c_l$，则 $\frac{\partial C}{\partial \beta} < 0$，理论分析的结果表明收入差距扩大，消费需求下降。杨天宇（2009）则对边际消费倾向递减这一微观定律简单地推广到宏观层面提出质疑，提出了居民收入和边际消费倾向的倒 U 型关系假说，基于假说他从理论上分析了在居民收入和边际消费消费倾向的倒 U 型关系时，缩小收入差距扩大能够提升消费需求，并且用数据证明其假说的合理性，同时他也指出，即使在边际消费倾向递减条件下缩小收入差距的收入分配政策对社会消费倾向的影响也是不确定的。在后凯恩斯主义消费理论的分析框架下国内学者对收入分配与消费需求关系的理论分析做出了有意义的贡献，早些年的研究主要还是试图从理论上论证收入差距与消费倾向之间的负相关关系，近年来则在理论上开始认为它们之间的相关关系的方向可能是不能确定的，需要从实证上进行论证。

在实证检验上，利用分组的家庭户数据杨天宇等（2009）实证研究结果表明，中国的收入分配显著影响了居民消费，即使中低收入阶层的收入份额只有微弱的提高，也可以增加数百亿元的居民消费需求。基于收入的自然和非自然差距视角范剑平（2000）利用中国 1978～1997 年数据测算出我国城乡居民收入的自然和非自然差距，实证研究结果认为，城乡居民的非自然差距造成了城乡居民消费水平的差距。陈南岳（2004）则利用中国 1978～2002 年的城乡居民数据计算了有利于消费需求的最优收入差距，认为城乡居民的最优收入差距应控制在 1.1：1～1.6：1 之间，而中国 2002 年的城乡收入差距为 3.1：1，据此得出结论是应该缩小城乡差距以扩大居民消费需求。城乡收入差距是中国"二元经济"特征所决定的最能反映中国居民收入差距的一个典型指标，而基尼系数是国际上反映居民收入差距的通用指标。根据赵人伟等（1999）的研究，改革开放以来中国无论城镇还是农村，由基尼系数所反映出来的收入差距，都呈上升趋势，且近年来的基尼系数已达到相当高的水平，王祖祥等（2009）的研究进一步证实了这个结论。利用基尼系数这项指标胡日东和王卓（2002）的实证研究也表明，城镇居民消费与城镇居民基尼系数负相关，城镇居民内部收入差距的扩大制约了其消费需求的增长。程磊（2011）则利用城镇基尼系数、农村城镇基尼系数和城乡收入差距三个指标实证性地考察了这三类收入差距对居民消费的影响，实证结果认为这三类收入差距确实是居民消费需求不足的格兰杰原因，城镇基尼系数、农村城镇基尼系数和城乡收入比可以解释居民消费率下降幅度的 33.6% 、18.3% 和 42.8% 。这方面的实证研究非常多，如杨天宇（2001）、李俊霖等（2006）、张东辉等（2006）、吴晓明等（2007）、等等，虽然研究的视角、方法和样本数据不同，但实证研究结论大多认为居民收入差距的扩大限制了我国居民消费需求的扩张，缩小收入差距的收入再分配的政策调整是缓解我国居民消费疲软的有效措施。

此外，在初次分配方面，针对 20 世纪 90 年代中期以来我国劳动者报酬率持续下降的现象（白重恩，2009；李稻葵等，2009），学者们（刘社建等，2010；黄乾等，2010）认为提升劳动者报酬份额是扩大消费需求拉动我国经济增长的根本所在。

综合来看，对收入分配与居民消费关系的研究主要是从利用居民收入差距这个中介变量进行的，我国学者对收入分配和消费关系的研究作出了重要贡献，居民收入差距的扩大显著地制约了我国居民消费的扩张，是消费对经济增长拉动力趋弱的一个重要原因。然而，居民收入差距是收入分配后所形成的格局，我国的收入分配既包括初次分配也包括再分配，仅仅利用收入差距这个结果变量容易忽视初次分配领域的变化对居民消费的影响。从当前我国的收入分配的现状和演变趋势以及中国特定的国情来看，对收入分配与居民消费关系的研究不仅要关注再分配领域对居民消费的影响，更要研究初次分配领域对居民消费的影响，甚至要考察收入分配消费效应的城乡差异性，等等。

二、公共支出与居民消费需求

公共支出（Public Expenditure）作为收入分配的一个重要手段，居民消费也与政府所提供的公共产品紧密相关，公共支出是影响消费需求的另一个重要影响因素[①]。如果仅仅依据传统的凯恩斯主义理论，政府扩大公共支出能够对产出水平和消费水平起到倍增的刺激作用（乘数—加速数原理）。Bailey（1971）率先在这方面取得了开创性的研究成果，他通过构造了一个有效消费函数对公共支出与个人消费支出之间可能存在挤入效应和挤出效应进行分析，认为公共支出与私人消费之间可能存在一定程度的替代性，政府扩大公共支出

---

① 对政府提供公共品行为与居民消费关系的研究也是在代表性消费者的假设之下进行分析的，考虑到并非研究消费与收入的关系，因此将它纳入到非主流消费理论中进行分析。

也可能对私人消费将具有一定的挤出效应。此后，公共支出的扩张是抑制还是促进居民消费的增长一直是国内外学者们经常关注的话题。Barro（1985）拓展了 Bailey 的研究，通过建立一个一般均衡宏观经济模型政府支出的短期增加，将导致产出与消费的暂时增加，长期中政府支出对消费与产出产生了一定的挤出。Aschauer（1985）、Ahmed（1986）和 Kormendi（1983）的实证研究发现美国的政府支出同居民消费之间存在明显的替代关系。Amano 和 Wirjanto（1997）利用相对价格法估计了美国政府支出与居民消费的跨期替代弹性，认为美国的 1 单位政府支出增加将会导致 0.9 单位的居民消费减少。Ho（2001）利用多国面版数据对经合组织 24 个工业国政府支出与居民消费之间的关系进行了研究发现，在单一国家中政府支出与居民消费之间并不存在规律性，但在对多国数据进行协整分析时，结果表明政府支出对居民消费存在明显的替代关系，即公共支出对居民消费存在明显的挤出效应。但是另一些研究却得到了与上述研究完全不同的结果。Devereus 等（1996）在规模报酬递增和寡头竞争假定前提下研究了政府支出对宏观经济的影响，发现政府支出的增加将导致总产量水平的上升，而总产量水平的上升又导致工人实际工资的上升，从而导致消费对闲暇的替代，于是政府支出增加导致了私人消费的增加。Karras（1994）也利用 30 个国家数据研究了政府支出与居民消费的关系，研究结果发现，政府支出与居民消费之间存在一种互补关系，政府公共支出的增加将提高居民消费的边际效用水平，从而扩张居民的消费支出，且这种挤入效应的强度与政府规模呈负相关关系。此后 Okubo（2003）和 Kwan（2006）等都用数据证明了这种互补关系的存在。这些研究表明，政府支出可能并不会导致其对居民消费的挤出，相反，居民消费反而有可能被挤入。在实证研究中由于所使用数据的不同，公共支出对居民消费既可能产生挤入效应，也可能产生挤出效应。

概括而言，国外学术界对公共支出与居民消费的问题研究主要集中在总量的分析视角，基于支出总量视角国外学者对居民消费的影响分析上主要有以下两个观点：公共支出对居民消费产生挤出效应，如 Aschauer（1985）、Ahmed（1986）、Amano（1997）、Ho（2001）和 Kwan（2006）等；公共支出对居民消费产生挤入效应，如 Karras（1994）、Okubo（2003）和 Neih（2006）等。国外对公共支出与居民消费之间可能存在的挤入效应和挤出效应没有定论。由于国外对公共支出消费效应的实证研究并没能得到统一的结论，我国的学者也进行了大量的实证研究，如谢建国等（2002）、马栓友（2003）、黄赜琳

（2005）、李永友等（2006）、申琳等（2007）、官永彬等（2008）、洪源等（2009）、苑德宇等（2010）、等等。

在实证检验方面，我国学者早些年也主要是基于支出总量视角实证检验公共支出与居民消费的关系，谢建国等（2002）通过居民消费的跨期替代模型考察公共支出对居民消费的影响，认为短期内公共支出对居民消费是挤入的，但在长期均衡时公共支出完全挤出了居民消费。持公共支出对居民消费的挤出效应的我国学者还有黄赜琳（2005）和申琳等（2007）等。而李永友等（2006）基于居民最优决策行为，利用经验数据通过构建中国加总社会消费函数对我国居民的消费行为进行分析，认为改革开放以来财政政策不仅没有对私人部门的消费产生挤出效应，反而对私人部门的消费产生了挤入效应。持公共支出对居民消费的挤入效应的我国学者还有马栓友（2003）、李广众（2005）和杨子晖（2006）等。基于支出总量视角国内学者对公共支出与居民消费之间的关系也没有得到统一一致的结论。

由于公共支出既包括基础设施建设在内的投资性支出，也包括行政管理费在内的消费性支出，也有转移性支出，各个支出项目对居民的消费行为的影响可能存在差异。近年来我国学者们开始从结构视角研究公共支出和居民消费的关系，但是在这方面文献相对较少。洪源等（2009）认为政府民生消费性支出是导致居民消费变动的主要影响因素之一，与居民消费之间存在显著的互补关系。石柱鲜等（2005）和王宏利（2006）等则认为无论长期还是短期，消费性支出会挤出居民消费；投资性支出则会促进居民消费，从公共支出的功能性质划分来看，无论是在长短期经济建设支出对居民消费都是挤出的，而教育文化支出、行政管理支出则是挤入的，只有其他项目支出在长期上对居民消费是挤出的，在短期上是挤入的。以1978～2006年31个省份为样本，利用面板数据模型，姜洋等（2009）实证研究了公共支出与居民消费之间的结构效应。苑德宇、张静静和韩俊霞（2010）的研究表明科教文卫支出挤入居民消费，其余方面支出对居民消费的挤入效应并不存在或不显著，同类支出的消费效应在地区间显示出一定的差异性。公共支出对居民消费的影响取决于公共支出的结构且公共支出对城镇居民和农村居民消费的影响存在显著的"二元结构"特征（官永彬等，2008）。近年来国内学者对公共支出与居民消费之间的关系研究，开始突破总量视角，从结构角度等进行分析，虽然得到的结论有差异，但这些研究为我们深入探究我国公共支出与居民消费之间的关系做了有意义的探索。

综合来看，国内外学术界对公共支出与居民消费关系的研究主要是从公共支出总量上进行的，由于设定的模型和选用数据的差异，在公共支出对居民消费存在挤入还是挤出效应的结论上并没有形成一致的结论，虽然公共支出的消费效应结论存在差异，但公共支出会影响居民消费这一点是学者们都认同的。由于中国经济增长过程中公共支出结构也发生了很大的变化，仅仅从总量视角进行分析是不够的，对公共支出与居民消费之间的关系从总量上进行分析的同时深入到结构层面进行研究是探究公共支出对我国居民消费影响的两个必不可少的部分。此外，考虑到我国特定的"二元经济"结构，对公共支出与居民消费关系的研究也需要考察这方面的影响。因此，从当前我国的公共支出的现状和演变趋势以及中国特定的国情来看，对公共支出与居民消费关系的研究不仅要关注公共支出总量对居民消费的影响，更要研究公共支出结构对居民消费的影响，甚至要考察公共支出消费效应的城乡差异性和区域性特征，等等。

第三节 居民消费驱动经济增长研究

社会主义生产的目的就是为了最大限度地满足人民日益增长的物质和文化的需要，马克思曾指出："没有消费，也就没有生产，因为如果这样，生产就没有目的"，"生产直接也是消费；消费直接也是生产"。消费是生产的目的，消费也是生产的动力。马克思关于生产与消费辨证关系对研究消费和经济增长的关系具有重大的借鉴意义。经济增长通过提高人民的收入水平使居民的消费需求不断膨胀，居民消费需求膨胀对经济增长也具有导向和拉动作用，居民消费需求增长扩展了市场空间，诱发厂商追加投资，拉动投资增长，进而拉动经济增长。

然而，纵观经济增长理论的发展历程：Harrod – Domar 模型把经济增长从思想分析带到了模型分析，模型的结论认为：充分就业是一国（地区）经济长期稳定增长的必要条件，经济增长率随着储蓄率的增加而提高，随着资本——产出比的上升而降低，扩大消费需求通过降低储蓄率会对经济增长产生不利的影响。Solow – Swan（1956）模型通过修正 Harrod – Domar 模型的按固定要素比例再生产的假定，认为资本和劳动可替代，且技术保持固定的增长速度，从而推导出实现稳定均衡的经济增长路径，储蓄率（消费率）的变化并不会改变稳态时的 GDP 增长率。Ramsey – Cass – Koopmans 模型则把消费者最优化分析引入，实现了储蓄率的内生化，但其结论与 Solow – Swan 模型的结论是一致的，即经济的长期增长率取决于外生的技术进步。此后的研究主要是在技术进步的内生化的努力上，如 Lucas（1978）和 Rome（1986，1990）分别强调了人力资本和知识资本的作用，等等。因此，对经济增长的研究新古典经济增长理论侧重从生产要素投入的规模方面考察，而内生增长理论则侧重从生产要素投入的使用效率方面考察，主流经济增长理论实现了从注重生产要素投入向注重生产要素投入使用效率的转变。

从供给层面上看，虽然影响经济增长的主要是资本、劳动和技术进步等，但这并不意味着需求不重要。马克思很早就已经指出："没有消费，也就没有生产，因为如果这样，生产就没有目的的"，"生产直接也是消费；消费直接也是生产"。受此启发，在经济大萧条的背景下凯恩斯（1936）看到了经济萧条的主要原因是包括消费需求在内的有效需求不足，主张政府通过宏观调控，扩张需求，进而拉动经济增长。凯恩斯是最早从有效需求角度分析需求（消费等）对宏观经济的影响，但并没有将其纳入到长期经济增长的分析框架，仅仅把扩大有效需求作为应对经济波动的一种政策手段。

基于主流增长理论对需求因素的忽视，也有相当一部分学者从需求角度分析其对经济增长的影响并也证明了需求因素对经济增长的重要影响。Feldman 等（1987）证实 1963～1978 年美国经济增长过程中最重要的因素是需求的增加，而技术进步对于行业的重要性仅仅表现为增长或下降的更快。Sabillon（2008）也证实在 20 世纪初美国经济由于消费需求的快速增长使经济年均增长率保持在 5%，而英国的需求无法快速增长，生产不得不放慢。Osterhaven 等（1997）的实证研究也肯定了需求因素在欧盟各国经济增长中的重要影响。1973 年后日本经济增速放慢，在对这一现象的解释上，Saito（2000）和 Hori-oka（2006）认为日本居民的低消费加剧日本经济的增速放慢过程。1950 年以来发展中国家中有些国家和地区经历了快速增长，而其他国家却发展举步维艰，和发达国家的差距不是缩小而在拉大，Szirmai（2008）运用一个直接、中间和最终因素的因果关系的分析框架分析战后各国经济发展成功和失败的经验，其中中间因素为需求及其政策，包括投资需求，消费需求和出口需求及财政政策和货币政策等。无论是针对发达的美、日、欧国家还是针对发展中国家。大量的实证研究证明了需求因素（居民消费）对一国，特别是高速经济增长体的重要影响。

在消费需求对经济增长产生影响的机理分析上，主要从促进经济结构变迁和诱发技术进步这两方面进行。在结构变迁方面，新古典增长理论的竞争均衡假定意味着社会各部门生产要素的收益率都好和其边际产出率相等，部门之间资源的配置并不能带来产出的增加。发展经济学家们看到了这一理论假说的不足，认为生产要素的合理流动会带来总产出的增加，即产业结构的优化会促进经济增长。Rostow（1990）将结构因素纳入对经济增长的研究，在理论上阐明了结构变迁是影响经济增长的重要变量之一，他认为处于主导地位的部门会通过"扩散效应"带动其他部门的增长，从而促进经济增长。钱纳里（Chenery）和塞尔奎因（Syrquin）甚至把发展中国家的发展历程视之为经济结构变迁过程，他们深入地分析了经济结构对经济增长的影响，认为如果结构变迁改善了资源配置，就能对经济增长做出贡献。在实证分析中，通过在新古典公式中加入的结构变量 Denison（1967）以美国 1929~1957 年的数据进行分析后发现经济结构优化对美国经济增长的贡献是 12%。Broadberry（1998）的实证研究发现，英国在 1970~1990 年间被美、德赶超的一个重要原因就在于美、德将资源转向服务业部门而不是制造业部门，及时地对经济结构进行了调整。

消费增长（消费结构升级）－结构变迁－经济增长这是基于经济结构视角分析消费需求对经济增长的影响机制。在消费需求对经济增长影响的文献中，普遍的观点认为由于消费需求弹性的差异，在经济增长过程中，消费结构不断升级，导致产业结构产生变迁，从而优化配置了经济资源，促进了经济增长。这方面的经典文献是 Baumol（1967）模型，基于部门的技术差异视角 Baumol 通过建立一个两部门模型（进步部门和非进步部门）分析了经济结构与经济增长的关系，研究认为：当非进步部门产品的需求价格弹性很小时且收入弹性很大时，随着收入和价格上升，消费者对非进步部门的产品需求增加，劳动力向非进步部门流动，经济增长趋向停滞；而当进步部门产品的需求价格弹性很小时且收入弹性很大时，随着收入和价格上升，消费者对进步部门的产品需求增加，劳动力向进步部门流动，非进步部门最终消失。Baumol 模型为此后的研究奠定了一个基本分析框架和思路，此后许多研究都对 Baumol 模型进行拓展。在一个具有外生技术进步的三部门（农业、制造业和服务业）产品的非齐序偏好模型下 Echevarria（1997）考察结构变迁，由于农产品的收入弹性比制造业（服务业）商品的收入弹性低，使得穷人倾向于将他们的大部分收入用于农产品消费，模型的结果认为有差异的收入弹性驱动着部门结构的变迁，从而引起经济增长率的变化。Foellmi 和 Zweimueller（2007）认为，在经济增长过程中高收入弹性的奢侈品会转变为低收入弹性的必需品，现有产品也会发生需求饱和，为保证持续增长，必须连续引进新产品，其中需求的等级偏好保证结构变迁会随着资源从旧产业转移到新产业的再配置过程而发生，从而使得增长和结构变迁之间的双向因果关系得到解释。在一个多部门框架下 Ngai 和 Pissarides（2007）在 Baumol 模型的基础上指出当各部门间全要素生产率（TFP）的增长率不同且商品之间替代弹性很小时，经济增长服从平衡增长路径。这类强调商品间收入弹性差异的文献实际上是对"恩格尔定律同配第——克拉克法则"之间关系的运用。我国学者（俞忠英，2003；文启湘等，2005；梅洪常，2008；等）在需求影响经济增长的相关研究中，也非常强调需求对于产业结构的影响。

在诱发技术进步方面，"新的需求的扩大以种种方式十分强有力地对新的技术革新施加压力，从而也就形成了高速的全面的增长"。创新作为一种经济活动会受到其他经济因素（如企业未来盈利等）的影响，通过问卷调查或访谈的形式 Myers and Marquis（1969）和 Langrish 等①（1972）发现在创新的各个影响因素中需求是企业创新或者创新得以成功的主要因素。创新的动机和欲望来源于人们现有的或者可预见性的需求，当在现有技术无法满足人们现有的或者可预见性的需求情况下，企业就会根据人们的需求进行不断的创新。在国家竞争优势的分析中 Porter（1983）认为日本消费者复杂的消费需求导致日本在消费电子品工业的特殊技术发展轨迹，他十分强调需求对于创新的作用。Schmookler（1966）从市场规模角度论述了需求对技术进步的影响，并将其归纳为需求对创新的"激励效应"。之后，许多学者（Brouwer and Kleiknecht，1999；Hall 等，1999；Acemoglu and Linn，2003；Cainelli 等，2006）遵循 Schmookler（1966）的思路进行了实证研究。Brouwer and Kleiknecht（1999）利用荷兰的社会创新调查（CIS）数据检验了需求和创新之间的关系，结果证明了需求拉动创新假说的成立，即需求也会推动着创新。使用法国、日本和美国高科技企业的面板数据 Hall 等（1999）通过因果检验发现法国、日本和美国的销售增长是研发增长的原因，而反向效应则不怎么显著，这无疑也支持了

---

① 转引自 Rosenberg（1980）。

需求对创新的驱动效应。Acemoglu and linn（2003）分析了需求对医药行业创新的影响，实证研究表明市场规模对于医药行业的创新具有显著的影响。Cainelli 等（2006）利用意大利服务部门的企业数据进行实证研究，研究结果也进一步证实了 Schmookler（1966）的观点。

综上所述，需求因素（消费需求）在经济发展进程中扮演着非常重要的作用，科学地考察经济增长过程需要充分考虑到需求的作用，特别对处在转型经济的中国而言，考虑（消费）需求因素在经济增长中的作用不仅有利于经济增长的持续性，而且有利于保证人们分享经济发展的成果，提高经济增长的质量和稳定性。正如 Gualerzi（1996）所说，"对于并不充分考虑需求作用的内生增长机制而言，将需求因素引入增长分析是对增长理论最有意义的贡献之一"。

第四节　相关理论及研究的简评

通过对近期有关中国高速经济增长过程中国居民消费问题的相关文献和研究进行梳理，学者们对这一问题的研究已经取得了很大成果。包含（居民）消费的需求因素是影响经济增长的重要因素，在扩大居民消费需求方面，主流的消费理论强调收入（当期收入、持久收入、未来收入、收入的不确定性、等）因素对消费行为的影响，而非主流消费理论则强调收入差距、政府提供的公共品行为等因素对扩大居民消费的影响①。根据我国特定的转型背景，未来不确定性所带来居民谨慎的消费行为、收入分配的不合理、公共支出转型滞后等可能都是导致中国居民消费需求增长相对缓慢的不可或缺因素。这些理论及研究成果为本书研究以及后续的研究奠定了坚实的研究基础。

与此同时，我们也发现，对中国高速经济增长过程中国居民消费问题的现有相关研究总体上仍然薄弱：

（1）虽然关注了中国特有的经济现象，但研究的深度不足，主要是追踪国外理论的最新进展，将国外相关理论研究成果进行直接应用，或者稍微改

---

① 当然，非主流消费理论除了强调上述的几个主要经济因素外还强调其他各种非经济因素，如韦伯的阶层地位假说、凡勃伦的炫耀性消费理论、等等，考虑到本书的框架结构，这里就不对这些理论进行分析。

进，仍然以"模仿性"研究为主，"拿来主义"严重，由于过于追求复杂的、高深莫测的研究方法和研究工具，忽视了思想意识等方面创新的更重要性。"拿来主义"虽然具有一定的解释力，但缺乏针对我国特殊国情的有力解释，因为，西方的消费理论是建立在比较成熟的市场经济体制的假设上，而中国处于转型期，在这种不同的制度环境和国情背景下西方的先进理论的在中国的应用问题是值得推敲的。应用先进的分析方法进行实证研究是科学研究所要求的，但在快速转型的中国有着大量的新问题值得研究，而这些新问题有时候并不需要高深的模型就能得到有意义的结论。

（2）忽视了从结构角度研究的重要意义，对我国居民消费疲软的经济现象，从规模或总量角度进行研究是必须的，但在中国处于特殊的转型背景，各经济事物的内部结构都处在快速变化的过程中，侧重从结构角度进行更深入的分析可能会具有更重要的意义，因此本书基于总量的研究基础，侧重从结构角度进行研究。例如，在居民消费驱动经济增长方面，把居民消费作为需求因素之一进行对比分析；在公共支出影响居民消费的作用机制检验方面，从公共支出转型的角度进行研究；等等。此外，针对我国特有的"二元经济"结构特征，学者们分别从城镇或农村角度进行研究，或者研究城乡差异性的问题，但系统的对比研究还不够重视。此外，中国发展战略等因素所导致的区域经济发展不平衡也可能形成事物的区域性特征，等等。

（3）居民消费的研究是个系统的工程，也是个复杂的问题，基于某一理论的研究并不全面，但是在这些研究的基础上却是能找到一条相对合理的且符合中国国情的研究路径。由此本书基于居民不敢消费、不能消费和不愿消费的视角分别从居民谨慎的消费行为、收入分配和公共支出角度分析我国居民消费的制约因素，并进一步研究了居民消费的增长效应，从而为政府制定促进我国经济持续健康发展的居民消费启动途径的相关政策提供理论和实证支持。

第二章

居民消费总量及结构性特征分析

在市场经济条件下居民消费是指居民（消费者）通过市场能够购买到的商品和服务以满足自身生存和发展需要而表现出来的一种能力，它不等同于消费需要，是能够实现或实现了的消费需要。伴随改革开放以来的经济持续高增长，居民的生活水平不断改善，居民消费需求无论在数量上，还是结构上都有了巨大的提升。然而，学者们对我国居民消费状况普遍表示担忧，我国居民消费的总量及其内部结构存在什么问题呢？

本章对改革开放以来中国居民消费的总量及结构性特征进行统计描述性分析，从而为本书研究居民消费与中国经济增长奠定现实基础。本章分为三部分，依次研究我国居民消费的总量特征和居民消费的结构性特征，最后对分析结果作简要小结。

第一节　我国居民消费的总量特征

改革开放以来，我国居民消费的总量特征可以用简要的一句话概括如下：居民消费增长相对缓慢，慢于经济增长速度，慢于政府消费的增长速度，慢于其收入水平的增长。

一、我国居民消费的增长慢于经济增长

改革开放以来我国经济持续快速增长，居民消费也保持着较快的增长速度（见表 2 - 1）。在改革开放初期，居民消费的增长速度超过经济的增长速度，上世纪 90 年代以前，居民消费的增长在很多年份都超过经济增长，我国 GDP1979 ~ 1990 年平均增长速度约为 15.13%，居民消费 1979 ~ 1990 年平均增长速度约为 15.18%，这段时间总体上居民消费的增长速度与经济增长速度大致相当。然而进入 90 年代以后，居民消费的增长速度表现出滞后于经济增

长，我国居民消费 1991 ~ 2000 年平均增长速度约为 17.48%，支出法 GDP1991 ~ 2000 年平均增长速度约为 18.17%，居民消费的增长比支出法 GDP 的增长约慢 0.6 个百分点。进入 21 世纪后，居民消费连续 8 年均慢于经济增长速度（见图 2 - 1），2009 年由于受到全球经济危机的影响经济增长速度有所放慢，居民消费的增长速度和经济增长速度大致相当，这段时期我国居民消费年平均增长速度约为 11.44%，支出法 GDP2001 ~ 2009 年平均增长速度约为 14.98%，居民消费的增长速度比支出法 GDP 的增长约慢 3.5 个百分点，居民消费增长速度与经济增长速度之间的差距拉大。

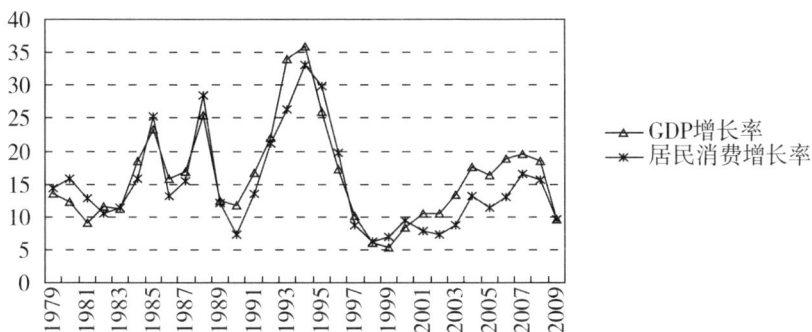

图 2 - 1　1979 ~ 2009 年我国支出法 GDP 增长率和居民消费增长率（%）

综合来看，改革开放初期居民消费的增长速度高于 GDP 的增长速度，随着改革开放的深入，居民消费的增长速度越来越慢于 GDP 的增长速度。从 1978 年到现在，我国居民消费年平均的增长速度约为 14.84%，支出法 GDP 年平均的增长速度约为 16.06%，居民消费的增长比支出法 GDP 的增长约慢 1.2 个百分点，居民消费的增长慢于支出法 GDP 的增长也反映出居民消费对经济增长的驱动作用在持续下降。

表 2 - 1　1979 ~ 2009 年我国 GDP 增长率、政府消费增长率和居民消费增长率（%）

年份	支出法 GDP 增长率	政府消费增长率	居民消费增长率
1979	13.5068	29.6250	14.3483
1980	12.2245	8.7592	15.8936
1981	9.0553	8.4085	12.7274
1982	11.6036	10.6734	10.4646

年份	支出法 GDP 增长率	政府消费增长率	居民消费增长率
1983	11. 2022	10. 2722	11. 3059
1984	18. 4437	23. 3441	15. 8120
1985	23. 2795	17. 6220	25. 2646
1986	15. 7745	16. 9990	13. 1139
1987	16. 8330	10. 4494	15. 5410
1988	25. 3409	17. 4501	28. 4357
1989	12. 4943	19. 2858	12. 0042
1990	11. 7640	12. 2470	7. 2430
1991	16. 6923	27. 3413	13. 5405
1992	22. 0920	25. 0469	21. 1498
1993	34. 0027	30. 5624	26. 2460
1994	35. 9501	34. 8081	33. 0981
1995	25. 8865	13. 2536	29. 8729
1996	17. 3161	18. 9187	19. 6907
1997	10. 1059	12. 6009	8. 7337
1998	5. 9677	10. 1595	6. 2506
1999	5. 3084	10. 9848	6. 8599
2000	8. 3665	14. 1793	9. 3849
2001	10. 4092	11. 7269	7. 8101
2002	10. 4997	7. 2117	7. 3240
2003	13. 4128	6. 8007	8. 6572
2004	17. 6861	11. 4715	13. 1288
2005	16. 3751	18. 1995	11. 3986
2006	18. 7616	15. 6431	13. 0085
2007	19. 6157	17. 5967	16. 4503
2008	18. 4579	16. 2998	15. 6728
2009	9. 5656	6. 3345	9. 5262
1978～2009 年平均	16. 0643	15. 9444	14. 8373
1978～1990 年平均	15. 1269	15. 4280	15. 1795
1991～2000 年平均	18. 1688	19. 7855	17. 4827

年份	支出法 GDP 增长率	政府消费增长率	居民消费增长率
2001～2009 年平均	14.9760	12.3650	11.4418

注：表内的数据为名义增长率。

二、我国居民消费的增长慢于政府消费的增长

随着经济持续快速增长，我国政府消费也保持着较快的增长速度（见表 2－1），但政府消费与居民消费的增长速度是不平衡的（见图 2－2）。在改革开放的头几年，由于在利益分配上主要是向居民部门倾斜，居民消费的增长速度经常超过政府消费的增长速度，但之后的绝大多数年份政府消费的增长速度超过居民消费的增长速度。我国政府消费 1979～1990 年平均增长速度约为 15.43%，居民消费的年平均增长速度约慢政府消费年平均增长速度 0.25 个百分点；上世纪进入 90 年代以后，政府消费的年平均增长速度约为 19.79%，居民消费的年平均增长速度约慢政府消费年平均增长速度 2.3 个百分点；2001～2009 年政府消费的年平均增长速度约为 12.37%，居民消费的年平均增长速度约慢政府消费年平均增长速度 0.9 个百分点。在整个改革开放期间，我国政府消费 1979～2009 年平均的增长速度约为 15.94%，居民消费的年平均增长速度约为 14.84%，居民消费的年平均增长速度约慢政府消费年平均增长速度 1.1 个百分点。

在 1979～1990 年间、1991～2000 年间、2001～2009 年间和 1979～2009 年间居民消费的年平均增长速度均慢于政府消费年平均增长速度。因此，综合来看，我国居民消费增长慢于政府消费的增长。

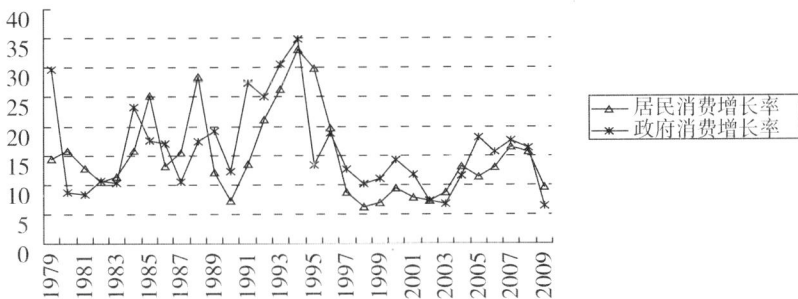

图 2－2 1979～2009 年我国政府消费增长率和居民消费增长率（%）

三、我国居民消费的增长慢于其收入水平的增长

表 2 - 2　1981～2009 年我国居民收入水平和居民消费支出增长率（％）

年份	城镇居民		农村居民		全体居民	
	人均可支配收入增长率	人均消费支出增长率	人均纯收入增长率	人均消费支出增长率	收入水平增长率	消费支出增长率
1981	4. 7739	10. 7663	16. 7799	17. 6315	14. 7008	17. 5987
1982	6. 9744	3. 1086	20. 9042	15. 4185	18. 6440	13. 5477
1983	5. 4736	7. 4098	14. 6983	12. 7412	13. 3744	12. 7461
1984	15. 4977	10. 5752	14. 6869	10. 2743	17. 6097	13. 1518
1985	13. 3415	20. 3432	11. 9054	15. 9313	14. 5899	20. 0241
1986	21. 8915	18. 6869	6. 5896	12. 4535	14. 7756	17. 6418
1987	11. 2332	10. 6884	9. 1553	11. 5815	12. 6445	13. 9037
1988	17. 7727	24. 8304	17. 7908	19. 6766	20. 1766	24. 4204
1989	16. 4125	9. 6920	10. 3872	12. 3170	15. 1217	13. 2502
1990	9. 9178	5. 6061	14. 0998	9. 2011	14. 0560	9. 3519
1991	12. 6106	13. 6767	3. 2478	6. 0141	9. 3682	11. 3932
1992	19. 1697	14. 9883	10. 6407	6. 3602	16. 6486	12. 2765
1993	27. 1785	26. 2667	17. 5510	16. 7534	24. 5068	23. 5750
1994	35. 6483	35. 0815	32. 4870	32. 1133	36. 5056	35. 9900
1995	22. 5030	24. 0687	29. 2170	28. 8697	27. 7458	28. 4505
1996	12. 9805	10. 7964	22. 0797	19. 9731	20. 3116	18. 1064
1997	6. 6420	6. 7891	8. 5146	2. 8669	10. 1961	7. 5975
1998	5. 1315	3. 4882	3. 4400	－ 1. 6603	6. 8503	3. 7255
1999	7. 9058	6. 5634	2. 2340	－ 0. 8112	7. 8729	6. 0409
2000	7. 2767	8. 2779	1. 9509	5. 8787	7. 5484	9. 9907
2001	9. 2296	6. 2227	5. 0137	4. 2494	10. 1030	8. 0267
2002	12. 2923	13. 5790	4. 6146	5. 3529	12. 0640	13. 3585
2003	9. 9886	7. 9772	5. 9218	5. 9423	11. 1621	9. 8746

年份	城镇居民		农村居民		全体居民	
	人均可支配收入增长率	人均消费支出增长率	人均纯收入增长率	人均消费支出增长率	收入水平增长率	消费支出增长率
2004	11.2061	10.3082	11.9823	12.4222	13.7114	13.2345
2005	11.37174	10.59272	10.8476	16.9680	13.4566	14.7168
2006	12.0695	9.4886	10.2033	10.7075	13.2904	11.5367
2007	17.2318	14.9590	15.4255	13.9564	18.7352	16.5687
2008	14.4710	12.4570	14.9808	13.5500	16.1618	14.2432
2009	8.8332	9.0876	8.2458	9.0904	10.3481	10.6999
1981~2009 年平均	13.3458	12.6336	12.2619	11.9250	15.2510	14.6566
1981~1990 年平均	12.3289	12.1707	13.6997	13.7227	15.5693	15.5636
1991~2000 年平均	15.7047	14.9997	13.1363	11.6358	16.7554	15.7146
2001~2009 年平均	11.8549	10.5191	9.6928	10.2488	13.2258	12.4733

注：由于缺少全国居民收入水平的数据，这里使用城镇家庭居民和农村家庭居民的调查数据进行分析。

改革开放以来随着我国经济保持着持续快速增长，无论城镇居民的人均可支配收入水平还是农村居民的纯收入都保持保持着较快的增长，因此全国居民收入水平和消费支出也保持着较快的增长，但居民收入水平和消费支出的增长是不平衡的（见表2－2）。在改革开放的头几年，被压抑的居民消费需求得到释放，居民消费的增长速度经常超过居民收入水平的增长速度，1981~1990年我国居民收入水平的年平均增长速度约为15.57%，居民消费支出的年平均增长速度约为15.56%，这段时期居民收入水平的年平均增长速度与居民消费支出的年平均增长速度大致相当。上世纪进入90年代以后，居民收入水平1991~2000年的年平均增长速度约为16.76%，居民消费支出的年平均增长速度为15.71%，约慢居民收入水平年平均增长速度1个百分点。进入21世纪后，居民收入水平的年平均增长速度约为 13.23%，居民消费支出的年平均增长速度约为 12.47%，慢于居民收入水平年平均增长速度 0.8 个百分点。

在整个改革开放期间，我国居民收入水平 1981～2009 年平均的增长速度约为 15.25%，居民消费支出的年平均增长速度约为 14.66%，居民消费支出的年平均增长速度约慢居民收入水平年平均增长速度 0.6 个百分点。因此，综合前面的分析可以得出，随着改革开放的深入我国居民消费的增长慢于其收入水平的增长。

第二节　我国居民消费的结构性特征

一、我国居民消费的城乡结构特征

改革开放后，城乡居民的消费性支出均有所增加，由于中国的"二元经济"结构特征，城镇和农村居民的消费水平的增长是不同的：农村居民消费支出由 1978 年的 1，092.4 亿元增长到 2009 年的 28，833.6 亿元，增长了约 25 倍；城镇居民消费支出由 1978 年的 666.7 亿元增长到 2009 年的 92，296.3 亿元，增长了约 137 倍。从下图（图 2－3）可以看出，在居民消费的城乡构成中，城镇居民消费所占比重呈上升趋势，与此相反，农村居民消费所占比重则呈下降趋势。

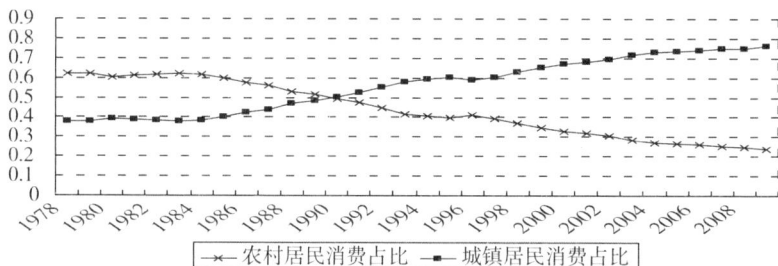

图 2－3　1978～2009 年城乡居民消费支出比重变化（%）

1990 年之前，城镇居民消费支出所占居民消费的比重都低于农村居民消费支出所占比，而 1990 年后城镇居民消费支出所占比重开始超过农村居民消费支出所占比，且城镇和农村居民的消费占比差距呈逐年扩大的趋势。但这并没有考察城乡的人口流动的影响，中国正从传统农业社会向现代工业社会转变，城市化进程不断加快，城镇居民消费支出占比上升与农村居民消费支出比重下滑不能精确反映居民消费的城乡特征，下面从城镇居民和农村居民人均消费支出水平的变动进行进一步分析。

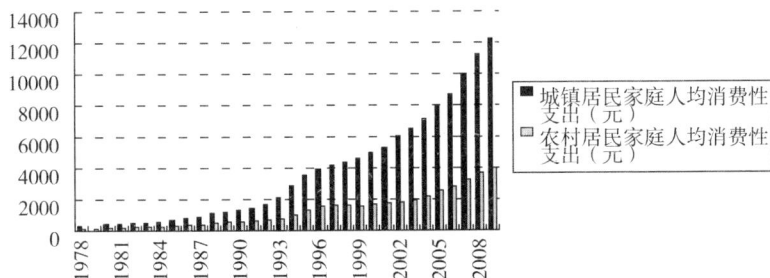

图 2 - 4　1978～2009 年我国城镇和农村家庭年人均消费支出（元）

撇开城乡居民收入水平的变化单纯从城乡居民消费支出考察城乡居民消费水平的差异并不全面，居民消费支出是与居民收入水平对应的指标，随着我国城镇居民可支配收入大幅度上升，城镇居民消费支出几乎呈逐年上升的趋势，并且收入的大幅度上升往往伴随着消费支出的大幅度提高。在 1978 年，我国城镇居民消费支出仅为 311.2 元，到 2009 年人均城镇居民消费支出达到 12，264.6 元，几乎是 1978 年的 40 倍（见图 2 - 4）。与此同时，随着我国农村居民纯收入的不断提高，我国农村居民消费支出也在攀升，1978 年我国农村居民人均消费支出仅为 116.06 元，到 2009 年人均农村居民消费支出达到 3，993.5 元，增长了 30 多倍（见图 2 - 4）。

城乡居民人均收入比是城镇居民人均可支配收入与农村居民人均纯收入的比值，我们用这个指标衡量城乡居民的收入差距，这个指标可以很大程度上反映我国城乡居民收入水平的差距，其比值越大表明城镇居民人均收入增长较快，而农村居民人均收入增长相对缓慢。城乡居民人均消费比是城镇居民人均消费支出与农村居民人均消费支出的比值，这个指标可以很大程度上反映我国城乡居民消费支出水平的差距，其比值越大表明城镇居民人均消费支出增长较快，而农村居民人均消费支出增长相对缓慢。考虑到改革开放初期情况的特殊，当时我国农村居民人均纯收入增长快于城镇居民人均可支配收入增长，城乡居民人均收入比是下降的。舍弃这几年与之后年份数据趋势有结构性差异的数据，我们选取 1984 年以后的数据进行分析。城乡居民收入差距是二元经济结构的产物。当前我国这种二元经济结构格局仍然没有改变,在二元经济结构下,我国城乡居民收入差距总体上呈现不断扩大的趋势:1984年我国城乡居民人均收入的比值为1.84,2009年这一比值达到了3.33,增长了近一倍。与此相对应,我国城乡居民消费水平的差距也在不断扩大:1984年我国城乡居民人均消费支出的比值为2.04,2009年达到了3.07,增长了50%左右。随着城乡收入差距的扩大,我国城乡居民消费支出水平的差距也在不断扩大(见图2-5)。"运用1990年44个国家的资料验证各国城乡收入差距与GNP的指数函数发现,工业化过程中……,在社会主义国家(城乡收入差距)最高点一般不超过1.65倍,在非社会主义国家一般不超过2.6倍"[1],我国目前3.33的比值显然超过了世界的一般水平。

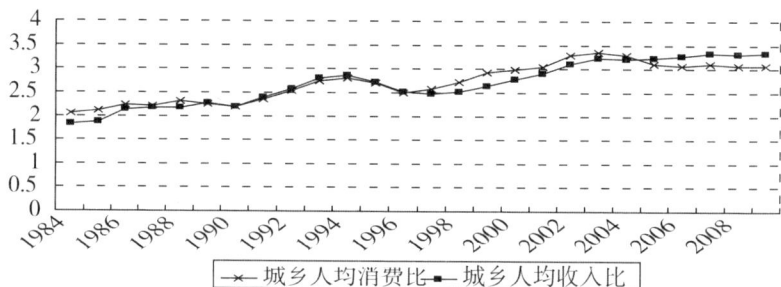

图2-5 1984~2009年我国城乡居民人均收入比与城乡居民人均消费比

若假设我国城乡收入差距和消费水平差距恢复到1.65倍,在GDP总额不变的条件下通过对投资额作相应调整,则2008年我国居民消费率和消费率将从目前的35.3%和48.6%分别提高到46.2%和60.1%,调整后的消费率和居民消费率将与世界水平大致相当。伴随着收入水平差距扩大我国城乡居民消费支出水平差距也在不断扩大,表明消费总量增长主要表现为城镇居民消费需求的增长,农村居民消费增长相对缓慢[2]。然而,我国13多亿人口中仍然有大半人口分布在广阔的农村,农村居民是最庞大的消费群体,一定程度上我们可以认为农村居民虽然是我国的人口主体,但却不是消费增长的主体,"扩大国

---

① 见祁京梅:我国消费需求趋势研究及实证分析探索 [M]. 北京:中国经济出版社,2008:19.

② 在表2-2中,城镇居民1981~2009年均人均消费支出增长率为12.6336%,农村居民1981~2009年均人均消费支出增长率为11.9250%,农村居民消费增长约慢0.7个百分点。

内需求，最大潜力在农村"，农村居民消费的潜力还没有发挥。因此，相对于城镇居民而言，农村居民消费疲软是当前居民消费需求不足的更重要方面。

二、我国城乡居民的消费结构特征

测度居民的消费结构一个通用指标是恩格尔系数，即食品支出占消费支出的比重。随着我国居民收入水平的持续提高，城镇和农村居民的恩格尔系数都呈现出持续下降趋势。1978 年我国城镇居民的恩格尔系数为 0.575，处于脱离贫困步入温饱的阶段[①]；1994 年下降到 0.5，开始步入小康生活；2000 年开始下降至 0.4 以下，朝着富裕阶段迈进，到 2009 年我国城镇居民的恩格尔系数为 0.365（见图 2-6）。我国农村居民 1978 年的恩格尔系数为 0.677，处于贫困阶段。随着改革的深入，可支配收入不断提高，农村居民的恩格尔系数持续下降：1983 年恩格尔系数为 0.594，开始脱离贫困步入温饱的阶段；2000 年开始下降至 0.5 以下，朝着小康阶段迈进，到 2009 年我国农村居民的恩格尔系数为 0.410。当前我国城镇居民的生活水平达到富裕水平，而农村居民的生活水平则为小康水平。

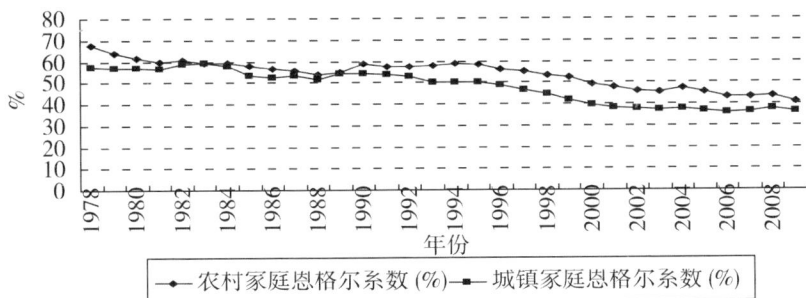

图 2-6　1978~2009 年我国城乡家庭恩格尔系数（%）

恩格尔系数的持续下降，表明随着居民收入水平的提高，食品外其他消费支出占总消费支出比重在上升，这反映出我国城镇和农村居民的消费需求结构从低层次向高层次升级，减少其基本消费支出。1992 年开始，我国对居民消费调查的统计包括了食品、衣着、家庭设备用品及服务、医疗保健、交通和通信、教育文化娱乐服务、居住以及杂项商品及服务 8 大类。恩格尔系数反映出我国城

---

① 根据联合国粮农组织的标准划分：恩格尔系数在 0.6 以上为贫困，在 0.5~0.59 之间为温饱，在 04~0.49 之间为小康，在 0.3~0.39 之间为富裕，在 0.3 以下为最富裕。

43

乡居民食品消费占总消费比例的变化，但是并不能反映除食品外其他各项消费支出的变化情况。这里运用 1995～2008 年省级面板数据分别通过对计量模型 $c_{it}^k = \alpha_1 + \alpha_2 y_{it} + \varepsilon_{it}$ 和 $\ln c_{it}^k = \beta_1 + \beta_2 \ln y_{it} + \mu_{it}$ 进行回归，其中：c_{it}^k 为城镇或农村居民各项人均实际消费支出（k = 1，…，7，分别表示食品、衣着、居住、医疗保健、交通通讯、文教娱乐、家庭设备的实际支出，杂项的消费支出对本书的分析没有意义，故剔除），y_{it} 为城镇居民人均实际可支配收入或农村居民人均实际纯收入，t 表示时期，i 为省区标志，回归方式采用混合回归，最后我们得到我国城乡居民各项消费的边际消费倾向（使用计量模型 $c_{it}^k = \alpha_1 + \alpha_2 y_{it} + \varepsilon_{it}$ 进行估测）和收入弹性（使用计量模型 $\ln c_{it}^k = \beta_1 + \beta_2 \ln y_{it} + \mu_{it}$ 进行估测）：

表 2 - 3 中国城乡居民各项消费的边际消费倾向及排序（1995～2008）

类别	项目	食品	衣着	家庭设备	医疗保健	交通通讯	文教娱乐	居住
城镇	序号	2	3	6	5	1	4	7
	均值	0.150	0.134	0.047	0.067	0.249	0.117	0.042
农村	序号	2	5	7	6	1	4	3
	均值	0.201	0.099	0.070	0.093	0.264	0.100	0.129

表 2 - 4 中国城乡居民各项消费的收入弹性及排序（1995～2008）

类别	项目	食品	衣着	家庭设备	医疗保健	交通通讯	文教娱乐	居住
城镇	序号	7	2	6	3	1	4	5
	均值	0.495	1.397	0.755	1.257	1.982	1.098	0.790
农村	序号	7	4	5	2	1	3	6
	均值	0.488	1.291	1.208	2.062	3.813	1.440	0.910

从表 2 - 3 和表 2 - 4 可知，我国城乡居民交通通讯方面消费的边际消费倾向和收入弹性都排在了第一位，说明家用汽车等耐用消费品和电脑、手机、网络等通信信息产品已经速度飞快地进入到了城乡居民家庭，交通通讯类消费是目前城乡居民的消费热点，其收入弹性排在第一位说明：随着居民收入水平的提高，这一消费热点还将延续。

食品边际消费倾向排在第二位，表明我国城乡居民新增收入的很大一部分仍然用于食品消费，食品仍是城乡居民消费的重点。但我国城乡居民食品消费的收入弹性都排在倒数第一,这表明随着人民生活水平的提高,食品消费在消费支出中所占比例将继续逐渐下降,人们更倾向于其他消费支出,消费结构将不断升级。

对城镇居民而言,在居住和家庭设备消费支出方面,它们的边际消费倾向排在末尾,说明当前我国城镇居民的新增收入用于这些部分消费的比例是最小的。但它们的收入弹性都大于食品消费,但其收入弹性小于1,说明随着居民收入水平上升,相对于食品消费而言,城镇居民对这两方面的需求的增长强于食品消费,但并不富有弹性。对农村居民而言,在居住方面支出,虽然边际消费倾向排在第三位,是农村居民消费支出的一个重要项目,但其收入弹性仅高于食品消费,小于1,说明农村居民的居住方面支出也并不富有弹性。

值得注意的是城镇居民的衣着、医疗保健和文教娱乐支出,农村居民的衣着、家庭设备、医疗保健和文教娱乐支出,虽然有些消费项目的边际消费倾向不高,如农村居民的医疗保健支出,但城乡居民这些消费项目的收入弹性都大于1,因此可以判断随着收入水平的不断提高,我国城乡居民的这些项目的消费支出都将会获得长足的发展。

总的来说,从演变趋势上看,随着收入水平的提高,食品外其他消费支出比重持续上升,我国城乡居民的消费需求结构将持续升级。

表 2-5 我国和世界其他国家的居民消费支出构成 (%)

支出项目		食品	衣着	家庭设备	医疗保健	交通通讯	文教娱乐	居住	杂项
人均 GDP1000 美元		40.8	11.4	9.1	4.5	8.8	7	11.6	7
人均 GDP3000 美元		32.7	9.7	8.9	5	11.9	7.6	13.5	10.2
中国 (2001)	城镇	37.94	10.05	8.27	6.47	8.61	13.00	10.32	5.35
	农村	47.71	5.67	4.42	5.55	6.32	11.06	16.03	3.24

续表

中国 (2008)	城镇	全国	37.9							
		东部	36.68	9.21	6.21	6.41	14.48	13.11	10.08	3.82
		中部	38.89	11.72	6.57	7.64	9.92	11.33	10.56	3.38
		西部	40.75	11.32	6.13	6.92	11.35	10.78	9.29	3.47
		东北部	37.11	12.09	5.02	8.94	10.36	10.47	11.63	4.38
	农村	全国	43.7							
		东部	41.21	5.57	4.84	6.34	11.02	9.55	19.26	2.21
		中部	45.17	5.73	5.19	6.38	8.70	8.00	18.68	2.16
		西部	47.69	5.61	4.50	6.95	8.97	7.18	17.35	1.75
		东北部	37.15	7.79	3.70	9.10	10.58	10.61	18.56	2.52

注：国际数据来源于国家统计局网站的《江苏富民优先发展目标的实践与思考》，ht-tp：//www. stats. gov. cn/tjfx/dfxx/t20070619_ 402414419. htm，中国的原始数据来自相应年份的《中国统计年鉴》。

表 2 - 5 数据显示，世界上其他国家人均 GDP 达到 1000 美元时恩格尔系数一般为 0.41，人均 GDP 在 3000 美元左右时一般为 0.33。2001 年我国人均 GDP 突破了 1000 美元，城镇居民恩格尔系数为 0.38，农村居民恩格尔系数为 0.48，城镇居民恩格尔系数低于世界上其他国家水平，而农村居民恩格尔系数则高于世界上其他国家水平。我国 2008 年人均 GDP 已经突破 3000 美元，农村居民恩格尔系数约为 0.44，城镇居民恩格尔系数约为 0.38，无论农村居民还是城镇居民恩格尔系数都高于相同发展阶段国家的一般水平。对农村居民恩格尔系数来说，无论是东部地区、中部地区、西部地区还是东北部地区农村居民恩格尔系数都偏高；就城镇居民恩格尔系数而言，无论是东部地区、中部地区、西部地区还是东北部地区城镇居民的恩格尔系数也都偏高。我国食品消费比重明显偏高，特别是农村居民的恩格尔系数（东北部农村居民除外）还没达到世界上人均 GDP 在 1000 美元时的一般水平，这主要是我国城乡居民收入差距较大，农村居民收入水平过低造成的，我国城镇居民消费需求的结构层次显著地高于农村居民。因此，从国际比较分析后可以发现，当前无论是城镇居民还是农村居民、无论是东部地区、中部地区、西部地区还是东北部地区居民的恩格尔系数都偏高，这表明城乡居民消费结构层次偏低，而农村居民消费结构层次表现为更低。

第三节　本章小结

通过对我国居民消费的总量和结构性特征进行分析，可以归纳出以下几点结论：

（1）改革开放以来随着我国经济持续保持快速发展，居民收入水平持续提高，居民消费和政府消费等都得到了高速的增长。虽然在改革开放初期，改革开放前居民被压抑的消费需求得到的释放，消费需求增长迅速，但随着改革开放的深入，居民消费逐渐表现疲软，在总量上，居民消费的增长慢于经济增长速度，慢于政府消费的增长速度，也慢于其收入水平的增长速度。总体而言，居民消费增长相对缓慢。

（2）随着经济的高速发展，我国城乡居民收入水平持续提升，城乡居民消费水平也得到大幅度改善，城乡居民消费支出都在持续增长，但由于传统二元经济结构的影响，我国城乡居民收入和消费的增长幅度是不同的。城乡居民人均收入比和城乡居民人均消费比都呈现持续上升趋势，因此，城乡居民的收入差距和消费水平差距都在持续扩大。缩小城乡居民消费水平差距的一个最重要内容就是要缩小城乡居民的收入差距，相对于城镇居民而言，农村居民消费疲软是当前居民消费需求不振的更重要方面。在城乡居民消费结构方面，经济发展带来居民生活水平的提升，虽然食品支出目前还是我国城乡居民的第二支出项目，但由于食品支出的收入弹性是最低的，其弹性显著地小于1，因此，随着居民收入水平的提高，食品支出占总消费支出的比重将不断下降，我国城乡居民恩格尔系数因此也呈现持续下降趋势。这表明城乡居民的消费需求结构会持续从低层次向高层次升级，但也应认识到当前我国城乡居民的消费需求结构都显著低于世界一般水平，由于城乡居民收入差距不断扩大，我国农村居民消费结构水平显著地表现为更低。

综而言之，我国居民消费增长相对缓慢，居民消费对经济增长的拉动力越来越弱，在我国特有的城乡二元结构下，由于城乡居民收入差距持续扩大，城乡居民消费差距也持续扩大，农村居民消费水平增长更加缓慢，消费结构更低。考虑到我国人口绝大部分还是在农村，因此，扩大居民消费增强消费对经济增长的拉动力最大潜力在于农村。

第三章

扩大居民消费驱动经济增长：机理分析

生产、分配、交换和消费作为社会再生产的四个环节，它们之间相互依存、相互制约，（居民）消费与经济增长之间存在相互反馈机制。在经济增长过程中，社会财富持续增长，通过对社会财富的分配能提高居民的收入水平，提升居民的消费能力，从而能转变成现实的消费需求；与此同时，居民消费需求的扩张也驱动着经济增长，居民消费作为经济增长的需求因素之一，对宏观经济具有增长效应。下面分别对经济增长过程中扩大居民消费的机理和居民消费驱动经济增长的机理进行分析。

第一节　扩大居民消费的机理分析

中国偏低的消费主要表现为偏低的居民消费，居民消费疲软已成为制约我国经济持续健康发展的重要障碍之一。根据消费理论和实践，影响我国居民消费需求的因素是多方面的，其中包括收入水平、收入差距、社会保障、消费环境、城市化进程、财税政策、人口因素、传统文化等等。

首先，城市化进程促进了居民消费的扩张，但市场化进程中社会保障建设滞后助推了居民谨慎的消费行为。由于我国特有的二元经济结构，城乡间居民的消费能力、消费行为、消费观念和消费习惯等存在着显著的差异。改革开放以来我国城市化水平快速提升，城市化指数由 1978 年的 0.1792 上升到 2009 年的 0.4659，在快速的城市化进程中，伴随着农村人口向"新城市居民"转型，原有的农村生活方式逐渐被城市生活方式所取代，消费能力得到了极大的提升，其消费行为、消费观念和消费习惯等必然发生巨大变化，从而对消费需求产生广泛和深远的影响，我国城市化水平的快速提升显然推动了居民消费的扩张。

　　与城市化进程相伴随还有工业化和市场化，在向市场经济转变过程中，由于我国社会保障体系建设相对滞后，在深度和广度方面都远没有达到当前社会发展的要求。世界上发达的市场经济国家由于拥有相对较为完善的社会保障体系，居民的预防性储蓄动机并不太强，甚至超前消费。经济转型过程中我国市场化迅速发展，不确定因素巨增，在社会保障体系建设滞后且还非常不完善的条件下，居民面临各种潜在的未来不确定所带来的风险急剧增长，居民不得不增加储蓄，减少消费以应对未来不确定性带来的风险，这是理性的消费者面对形势所作出的理性选择，居民的消费行为难免表现出过于谨慎。

　　其次，经济的快速增长有助于提升居民消费能力，但收入分配的不合理制约了居民消费的扩张。改革开放以来，在市场化、工业化、城市化和国际化的"四化"进程中，我国经济持续快速增长，在经济快速增长过程中无论城镇居民还是农村居民的收入水平也都获得了快速的增长，农村居民的人均纯收入和城镇居民的人均可支配收入分别从1978年的133.6元和343.4元增长到2009年的5，153.17元和17，174.7元。居民收入水平的增长是其消费增长的基础，经济快速增长显然有助于也极大地提升了居民消费能力。

　　然而在经济发展成果的分配上，我国收入分配关系是不合理的，其不合理性主要表现在居民收入水平增长相对缓慢、收入差距的持续拉大等等。在初次分配方面，我国劳动报酬率持续走低，报酬率持续走低抑制了广大劳动者收入水平的增长。通过对1992年以来历年资金流量表的数据进行整理分析后发现：国民收入经过初次分配以后，居民部门所占的比重有下降的趋势，即使经过再分配调整后，居民部门所占的比重也并没有得到很好的改善，再分配的功能也受到了扭曲，居民部门的收入增长总体上慢于政府部门和企业部门的收入水平的增长。在规模分配方面，我国居民收入的城乡之间差距及城乡居民内部之间差距等都有扩大的趋势，全国的基尼系数也已经超过国际公认的"警戒线"。收入分配的不合理显然会制约居民消费的扩张。

　　再次，财政收入增长提升了政府调控消费的能力，但公共支出转型滞后限制了其消费效应。财税政策作为收入再分配的重要手段，与居民消费密切相关。伴随着我国经济持续快速增长，以税收为主要来源的财政收入迅速增长，国家财政收入从1978年的1，132.3亿元增长到2009年的68，518.30亿元。财政收入是公共支出的基础，我国公共支出与财政收入保持着相同的演变规律，财政收入的增长增强了政府调控经济的能力。

扩大居民消费要求建立以提供民生性公共物品为主的公共支出结构，改革开放初期我国公共支出结构上经济建设费占绝对的比重，在公共支出转型过程中经济建设费所占比重持续递减，公共支出结构的演变趋势总体上是符合转型的要求。但公共支出转型是滞后的，主要表现为经济建设费仍然占着很大比重，与居民消费密切相关的社会文教方面支出增长显著低于行政管理费等的增长速度。再加上由于长期以来公共支出"非农偏好"，政府提供向农村提供的公共品相对更加短缺，这些显然会制约农村居民消费需求的增长。

诚然，影响我国居民消费需求还有其他各种因素，如传统的节俭文化、人口年龄结构、流动性约束等，但本书认为在影响因素体系中制约我国居民消费需求增长的主要因素可能还是居民的谨慎消费行为、收入分配的不合理和公共支出转型的滞后等。因此，本书从这三个可能影响居民消费的主要制约因素较为深入地分析扩大居民消费的问题。下面分别从不确定性、收入分配和公共支出三个视角分析它们影响居民消费的作用机理。

一、不确定性影响居民消费的机理分析

对于中国居民的高储蓄（低消费）现象，许多学者（宋铮，1999；等）认为与中国经济转型背景下的不确定性有关，并开始尝试用预防性储蓄理论来定量分析不确定性对居民储蓄或消费行为的影响。根据预防性储蓄理论，在未来收入面临不确定性[1]的条件下居民一般都会增加储蓄，增加的这部分储蓄即为预防性储蓄，而未来收人的不确定既可以来自个人情况的不确定，也可以来自整个经济系统的不确定性，前者被称之为个体性风险，后者则被称之为系统性风险。下面按照罗默（Romer，2004）用图示揭示未来不确定性影响居民消费的机理。

---

[1] 利用收入波动的数据是衡量不确定性的最直接方法。

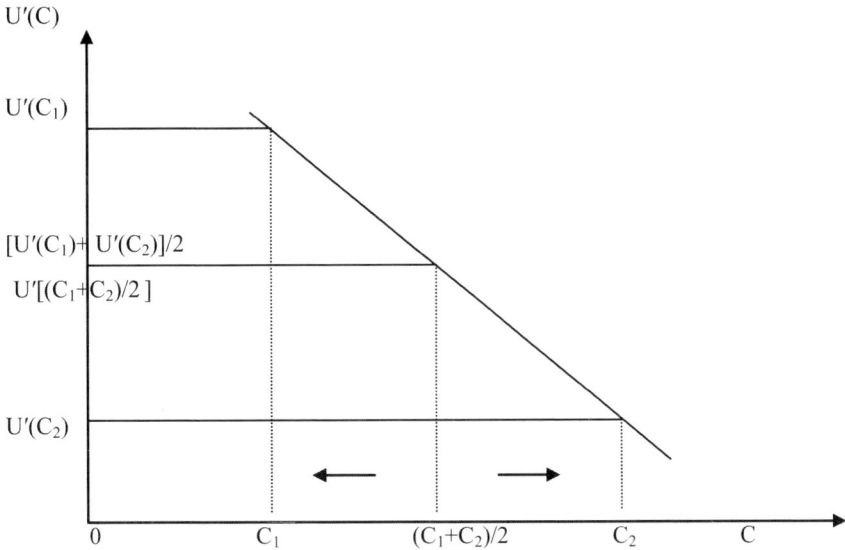

图 3－1　一般二次型效用函数下不确定性对消费边际效用的影响

图 3－1 描述了在消费者消费效用函数为一般二次型效用函数（$U'(C) > 0$，$U''(C) < 0$）时不确定性对消费边际效用的影响。在一般二次型效用函数下，消费者的边际效用函数是一条向下的直线，消费者的效用函数不确定性意味着消费水平可能出现一高一低两个可能的取值，即 C_1 和 C_2，为分析的简单，假设各自出现的概率各为二分之一。这样，与横坐标的 $(C_1 + C_2)/2$ 对应的纵坐标的 $[U'(C_1) + U'(C_2)]/2$ 表示消费者对未来消费水平的边际效用的预期，而 $U'[(C_1 + C_2)/2]$ 表示消费者预期未来消费水平的边际效用，从图（图 3－1）中可以看出消费者对未来消费水平的边际效用的预期等于消费者预期未来消费水平的边际效用，即 $[U'(C_1) + U'(C_2)]/2 = U'[(C_1 + C_2)/2]$。

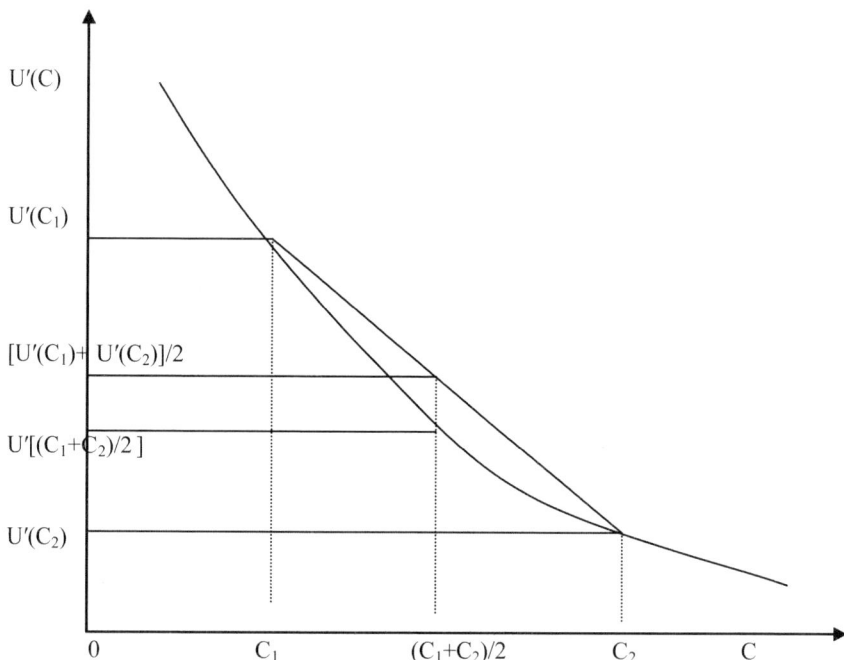

图 3 - 2　效用函数三阶导数大于 0 的条件下不确定性对消费边际效用的影响

由于效用函数三阶导数为正是预防性储蓄存在的必要条件，图 3 - 2 则进一步描述了在消费者消费效用函数满足三阶导数大于 0 的条件下不确定性对消费边际效用的影响。从图（图 3 - 2）上可以看出，与（$C_1 + C_2$）/2 对应的消费者对未来消费水平的边际效用的预期 [$U'(C_1) + U'(C_2)$] /2 明显大于消费者预期未来消费水平的边际效用 $U'[(C_1 + C_2)$ /2]，即 [$U'(C_1) + U'(C_2)$] /2 > $U'[(C_1 + C_2)$ /2]。

最后，图 3 - 3 描述的是当不确定性增加时，在消费效用函数满足三阶导数大于 0 的条件下会激励消费者增加储蓄。当不确定性上升的时候，在原来不确定性条件下的消费水平的可能出现的取值会朝各自的方向运动相同距离，但是消费效用函数的三阶导数大于 0 意味着相同水平的消费水平变化所带来的边际效用的变化是不同的。这也就是说，在原来较高的消费水平的基础上继续增加消费所带来的边际效用的减量幅度小于在原来较低的消费水平的基础上减少的消费所带来的边际效用的增幅，这可以表现图 3 - 3 的纵坐标变化上。这样，不确定性的增加所形成消费者的对未来消费水平的边际效用的预期就会增加，

图 3 - 3 中 E 点所对应的纵坐标即是该未来消费水平的预期边际效用。很显然，不确定性的上升增加了既定值下预期消费的预期边际效用，从而促使居民的消费行为表现得非常谨慎，刺激理性的消费者增加储蓄，以防止未来不确定性上升所带来的效用损失。可以说，当未来不确定上升时，在其他条件不变的条件，理性的消费一般都会增加储蓄（预防性储蓄）以防止因为未来不确定上升所带来的效用损失。

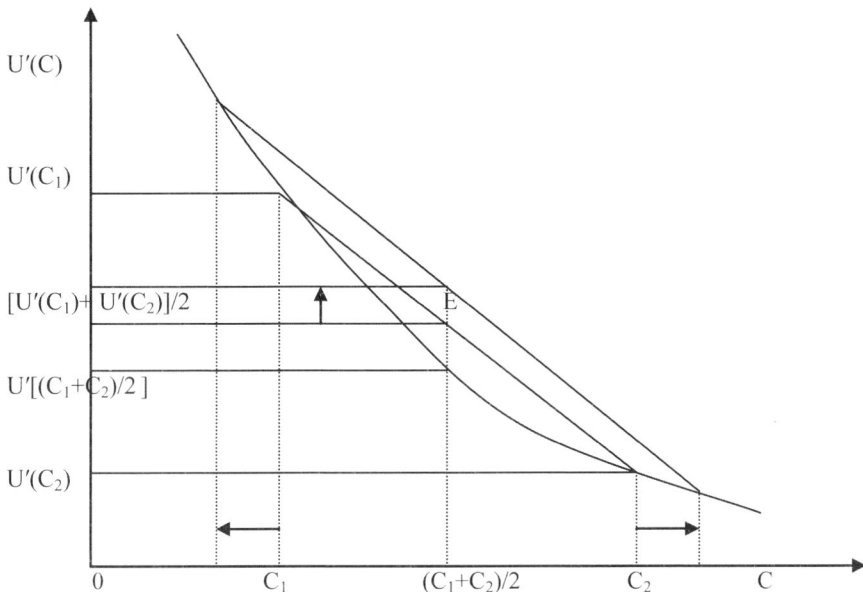

图 3 - 3　不确定性的上升对消费边际效用的影响

二、收入分配影响居民消费的机理分析

增强消费对经济增长拉动力需要扩大居民消费，由于居民收入水平的提高是居民消费增长的最重要因素，假设消费函数为：$C = a + bY_d$，其中，C 为消费需求，a 为自主性消费，b 为边际消费倾向，Y_d 为可支配收入，则收入越高，消费支出就越大。然而，对不同的收入组成部分而言，其消费倾向是不同的，假设收入由工资性收入（Y_W）和利润性收入（Y_P）两部分组成，其边际消费倾向分别为 b_W 和 b_P，则消费函数 $C = a + b_W Y_W + b_P Y_P$。一般而言，工资性收入的消费倾向大于利润性收入的消费倾向，即 $b_W > b_P$，则不同部分收入的提高所带来消费增长效果是不同的。假设收入分配中初次分配调整使劳动者报

酬率（Ω）提升，则在收入总量一定的条件下，一部分收入（χ）从利润性收入转化为工资性收入，于是 $C = a + b_W (Y_W + \chi) + b_P (Y_P - \chi)$，调整前后消费支出相差 $\chi (b_W - b_P)$。因此，初次分配中提升 Ω，将带来消费需求的增长（$\partial C/\partial \Omega > 0$），$\Omega$ 的下降则反之。

消费仅作为拉动经济增长的三驾马车之一，初次分配中提升 Ω 有利于扩大（居民）消费，但提升 Ω 是否有利于总需求的扩大进而拉动经济增长，还需要观察 Ω 的提升对投资和净出口的影响情况。根据卡莱茨基模型，假定社会中只有工人和资本家两个阶级，工人的消费 C_w 等于其工资水平 W，资本家的收入为 P，其利润性收入除了用于消费外剩下的用于投资，消费为 $C_c = a + bP$，则投资水平 $I = P - C_c$，于是，$P + W = Y = I + C_c + C_w$，接着可以得到：$I = Y - a - bP - W$。由于 $\Omega = W/Y$，则 $I = (1 - \Omega) Y - a - bP$。在产出一定的条件下，而 Ω 的上升意味着利润性（资本家）收入的减少，从而导致投资（I）的减少，即 $\partial I/\partial \Omega < 0$。对净出口（$NX$）而言，由于净出口取决于本国产品的国际竞争力，而产品国际竞争力很大程度上又依赖于单位劳动成本的下降（特别对现阶段我国而言），劳动者报酬率的上升在劳动生产率不变的条件下意味着单位劳动成本的提高，单位劳动成本的提高则意味着产品国际竞争力的削弱，因此，劳动者报酬上升将会对净出口产生消极影响（$\partial NX/\partial \Omega < 0$）。$\Omega$ 的上升对经济增长是趋于正向影响还是负向影响是由其对消费、投资和净出口三者的效应之和决定的。

再分配领域的政策调整主要是通过财税等政策杠杆以缩小居民收入差距使社会成员共享经济发展成果。随着居民可支配收入水平的提高，在边际消费倾向递减规律作用下，虽然消费的绝对量在增加，但增加的幅度却会不断下降。对消费函数两边同除以 Y_d：$C/Y_d = a/Y_d + b = APC$，由于 a 为常数，b 递减，边际消费倾向递减将导致平均消费倾向递减，表明收入越高，平均消费倾向越低。边际消费递减不仅能解释收入水平提高带来的个体平均消费倾向下降，同样也能解释收入差距的扩大对社会平均消费倾向的影响。不同的收入阶层具有不同的消费倾向，一般而言，高收入阶层的平均消费倾向低，而中低收入阶层其平均消费倾向相对较高。在社会收入流既定的条件下，收入差距扩大，高收入阶层获得了从低收入阶层的一部分收入，边际消费倾向递减导致了其 APC 的下降，但低收入阶层由于其收入水平的下降，边际消费倾向将上升，这也可能导致其 APC 的上升。在一升一降的情况下，收入差距的扩大对社会消费倾向的影响在理论上可能是不确定的。因此，缩小居民收入差距的收入再分配政策调整对居民消费的影响需要从实证上进行确定。

综上所述，从需求的视角，收入再分配对居民消费的影响是个实证问题，收入初次分配中提升劳动者报酬率有利于扩大居民消费，但其对经济增长的影响也是个实证问题，之间的影响机制可以用下图（图3-4）表示。

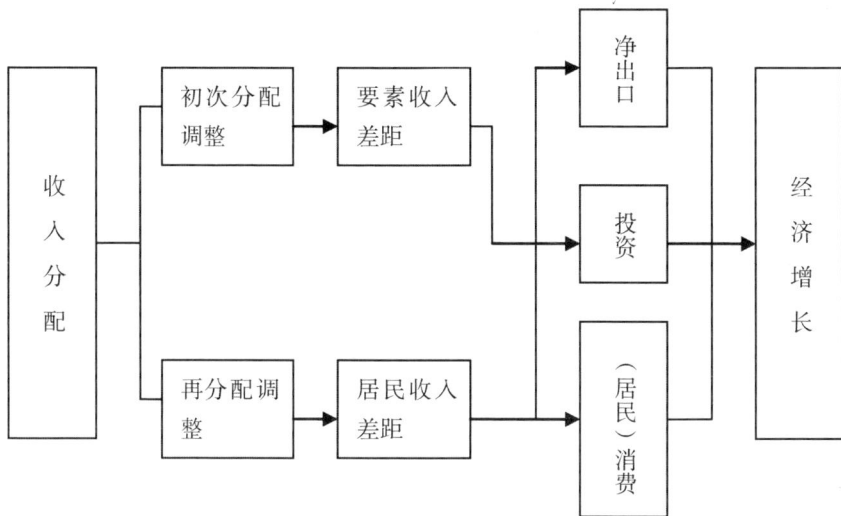

图3-4 收入分配影响居民消费的作用机制

三、公共支出影响居民消费的机理分析

在凯恩斯的收入决定模型中，$Y = GDP = RC + G + I + NK$，其中 Y、RC、G、I 和 NX 分别为一国的收入水平、居民消费水平、私人投资水平、政府的公共支出水平和净出口水平。根据绝对收入假说，消费是可支配收入的函数，则 $RC = C_0 + \beta Y_d = C_0 + \beta (Y - TR - T)$，其中 C_0、TR 和 T 分别表示为自主性消费水平、转移性支出和税收水平。将 $RC = C_0 + \beta (Y - TR - T)$ 代入 $Y = RC + G + I + NX$ 整理后得到：$RC = \dfrac{C_0}{1-\beta} + \dfrac{I + G + TR - T}{1-\beta}$。因此，根据传统凯恩斯主义理论，扩大公共支出倍增地刺激居民消费需求，其乘数为 $\dfrac{1}{1-\beta}$，其传导路径为：公共支出增加——总需求增加——总供给增加——可支配收入增加——消费需求增加。而税收水平则对居民消费需求起到了倍增的挤出效果，其乘数也

为 $\dfrac{1}{1-\beta}$。

根据一般性的划分，政府公共支出可以划分成用于改善基础设施等的投资性支出、消费性支出和转移性支出三大类。在凯恩斯收入决定模型基础上，在不限制支出总量的条件下公共支出通过提升收入水平等挤入居民消费的作用机制可以概括如下两方面：一、直接提高居民收入水平带动其消费，如资金单向、无偿的转移性支出可以无疑直接地提高了接受者的收入水平，我国公共支出中的社会保障、相关的补贴性（价补和直补）支出等就具有这方面支出的属性。二、间接作用于提高居民收入水平，如政府增加如基本医疗和基础教育等有关社会福利的支出可以减少居民相关方面支出，从而间接增加居民的实际可支配收入水平。因此，公共支出可以通过其收入效应直接或间接的增强居民消费能力。当然，运用凯恩斯的收入决定模型进行分析是存在条件的，即各个环节不存在传导路径的梗塞，且也应看到居民消费能力的增加是否真正转化为消费需求也是有一定条件，如在社会保障制度不健全的条件下居民可能对增加的收入转为他用，如储蓄等，这时居民收入水平的提高并不真正带来其消费需求的增长。

公共支出通过直接或间接地增加居民的购买力拉动居民消费外，还可以改善居民消费环境来刺激居民消费。交通设施的发展滞后会严重影响到汽车等交通工具的消费，通信设施的不发达则会影响手机等通信产品的消费，用水不便会影响洗衣机等产品的消费，用电不便会影响家电产品的消费。政府增加对城市和农村交通、通信、水、电等基础设施等方面建设性支出能改善居民的消费环境，从而诱致其消费需求的增长。为完善社会保障制度大力发展社会事业和扩大社会保障的覆盖面而扩大这方面的支出可以减少居民未来收入和支出的不确定性，通过降低居民的预防性储蓄动机，进而有利于提高居民的消费意愿扩张居民消费需求；等等。因此，从公共支出内部的结构上看，公共支出除能提高居民消费能力外还具有改善消费环境和提升消费意愿的功能。

公共支出主要是通过增加居民的购买力、改善消费环境、提升消费意愿等来拉动居民消费，但是其挤入作用的发挥还需考虑居民的真正需求，否则只会造成财政资源的浪费。根据凯恩斯的收入决定模型，由于税收水平对居民消费需求具有倍增的挤出效果，公共支出的增长最终还是来源于居民，无效的公共支出增长甚至会导致居民消费的下降。

以上分析是在不控制公共支出规模的条件下进行分析的，分析也表明公共支出对居民消费既可能有挤入效应、又可能无效应、甚至有挤出效应。在公共支出总量一定的条件下，公共支出中某一方面支出的增加也意味着其他方面公共支出的减少，某方面支出增加所引发居民消费需求的增长，还需要考察其他方面支出减少对居民消费需求的影响，公共支出的结构变动同样具有消费效应。因此，在理论上简单套用凯恩斯的收入决定模型分析公共支出对居民消费影响，并据此认为公共支出增加有利于居民消费需求的扩张是片面的。

综上所述，公共支出影响居民消费的作用机制可以用下图（图 3 - 5）描述：

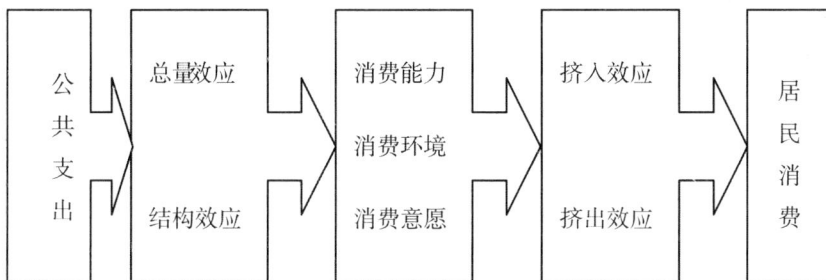

图 3 - 5 公共支出影响居民消费的作用机制

第二节 居民消费驱动经济增长的机理分析

从供给层面上看，经济增长由劳动、物质资本和技术进步决定，忽略其他影响经济增长的因素（土地等）后，生产法 GDP 则可以表示如下：

$$Y_t = F (L_t, K_t, A_t) \tag{3.1}$$

在（3.1）式中，L 是劳动，K 是资本，A 是技术进步。然而"经典的增长理论只关注经济供给方的变化，把需求的变化当作是短期波动而放入宏观经济学的研究范畴，这实际上成熟市场体制下的情况，对于体制转型中的中国经济来说，需求及消费的变动受制度变革等长期因素的影响同样应放入影响增长的因素范畴中看待"[①]。

---

① 见李斌. 投资、消费与中国经济的内生增长：古典角度的实证分析 [J]. 管理世界，2004
（9）：22.

从需求层面上看，消费、投资和净出口是经济增长的"三驾马车"，消费需求又包括居民消费与政府消费，支出法 GDP 的核算恒等式则可以表示为：

$$GDP_t = RC_t + GC_t + I_t + （EP_t - M_t）\tag{3.2}$$

（3.2）式中，RC 是居民消费，GC 是政府消费，I 是投资，EP 是出口，M 是进口，$EP - M$ 则是净出口。总需求等于总供给，结合（3.1）式和（3.2）式可以得到如下表达式：

$$RC_t + GC_t + I_t + （EP_t - M_t）= GDP_t = F（I_t，K_t，A_t）\tag{3.3}$$

由式（3.3）综合经济增长的需求面和供给层面来看，居民消费是经济增长的一个重要的需求因素，居民消费的增长不仅可以直接作用于经济增长，还可以对经济增长的其他需求因素（投资）和供给因素（技术进步）产生影响间接地作用于经济增长。

为了更清晰理解居民消费对经济增长的作用机理，这里基于凯恩斯主义的投资函数模型运用庄佳强（2008）的分析框架和研究思路进行分析。

在不存在需求约束条件下，我们用柯布——道格拉斯函数表示企业生产函数：

$$Y_t = F（L_t，K_t，A_t）= A_t L_t^{\alpha} K_t^{\beta}\tag{3.4}$$

其中 A_t 是技术进步，这里使用的是希克斯中性技术进步，L_t 和 K_t 分别表示企业所使用的劳动力及资本水平，系数 α 和 β 则分别为劳动和资本的产出弹性，当 $\alpha + \beta > 1$ 时表示生产函数为规模报酬递增，当 $\alpha + \beta < 1$ 时生产函数为规模报酬递减，当 $\alpha + \beta = 1$ 时生产函数则为规模报酬不变。

在经济增长过程中，需求和供给需要保持平衡，而主流的经济增长理论仅关注供给方的变动，"增长模型必须突出需求约束的思想，这样才比较符合市场经济的现实"。[①] 在需求约束条件下[②]，企业的生产能力受到市场需求支配，企业生产函数[③]则表示为：

$$D_t = A_t L_t^{\alpha} K \beta_t\tag{3.5}$$

D_t 表示产品的市场需求量，此时，经济增长过程主要表现为需求支配下

---

① 见梁东黎. 需求约束条件下的经济增长理论［J］. 南京社会科学，2007（7）：17.

② 杨旭等（2007）基于二元结构下的奥肯定律测算了我国潜在经济增长率，发现1995后我国实际都低于其潜在的水平，2008 年爆发的金融危机使得我国经济面临的需求约束强化，因此，这里使用经济面临需求约束的假设。

③ 若使用式（3.4）的生产函数，则意味着"供给自动创造需求"。

的增长过程。在需求支配型经济增长过程中，企业收益等于企业的产品销售收入减去企业生产成本支出，则某一时点的企业净现金流的贴现为：

$$f(L_t, K_t, \dot{K}_t) = [D_t P_t - L_t W_t - (\delta K_t + \dot{K}_t + C(\dot{K}_t)) P_t^k] e^{-rt} \quad (3.6)$$

P_t，W_t，P_t^k，r，$\dot{K}_t$ 和 $C(\dot{K}_t)$ 分别表示产品价格水平，劳动力工资水平，资本品价格，贴现率，追加的绝对投资额和协调成本。$C(\dot{K}_t)$ 满足 $C(0) = 0$，$C''(0) = 0$，$C''(0) > 0$，这意味着企业增加或者减少资本存量都是有代价的，而且边际调整成本随调整的规模递减。因为 $R(K_t) = D_t P_t$，为企业的收益函数，则整个增长过程中企业净现金流贴现为：

$$V = \max \int_0^\infty f(L_t, K_t, \dot{K}_t) \, dt = \max \int_0^\infty e^{-rt} [R(K_t) - L_t W_t - (\delta K_t + \dot{K}_t + C(\dot{K}_t)) P_t^k] \, dt \quad (3.7)$$

其横截性条件为：$\lim_{t \to \infty} \frac{\partial f}{\partial \dot{K}_t} K_t = 0$，则 $\lim_{t \to \infty} \frac{\partial f}{\partial \dot{K}_t} = 0$。初始资本存量为 K_0，资本存量的增长率为 $g_t^k = \dot{K}_t / K_t$，建立当期值 Hamilton 函数：

$$H = [R(K_t) - L_t W_t - (\delta K_t + \dot{K}_t + C(\dot{K}_t)) P_t^k] + q(t)(\dot{K}_t - g_t^k K_t) \quad (3.8)$$

其中 $q(t)$ 为投资的函数，表示投资的影子价格。分别对控制变量 $\dot{K}_t$ 和状态变量 K_t 求导，解得：

$$q(t) = P_t^k (1 + C''(\dot{K}_t)) \quad (3.9)$$

$$R'(K_t) = g_t^k (rq(t) - \dot{q}(t)) \quad (3.10)$$

某一时点最终需求的自发增长率 $\theta = \theta_{RC} + \theta_{GC} + \theta_E$，即 θ 是居民消费自发增长率（θ_{RC}），政府消费自发增长率（θ_{GC}）和出口需求自发增长率（θ_E）之和，总需求的增长率是最终需求的自发增长率和资本存量增长率的函数①，假设为线性型，则总需求的增长率表示为：

$$g_t^D = \dot{D}_t / D_t = F(\theta, g_t^k) = \theta + \gamma g_t^k \quad (3.11)$$

其中 γ 为企业对市场的反应系数②，γ 大于 0 且小于 1，γ 越接近 0 表示企业对需求增长的反应越不敏感，反之，γ 越接近 1 表示企业对需求增长的反应

---

① 本书认为，投资需求尽管作为中间需求，是总需求的不可或缺一部分，且投资需求的增长也可能诱致最终需求的增长。

② 在第一章文献综述部分本书分析了（消费）需求的增长能诱致技术进步，这里也可以理解为需求增长诱致企业创新的程度。

越敏感。

根据式（3.5），需求支配下经济增长过程中就业量可以表示为：

$$L_t = D_t^{1/\alpha} A_t^{-1/\alpha} K_t^{-\beta/\alpha} \tag{3.12}$$

初始资本存量为 K_0，假设初始需求 D_0 为 K_0^γ，根据式（3.11）则 $D_t = e^{\theta t} K_t^\gamma$。式（3.5）对求 L_t 导后，可以得到需求支配下经济增长过程中劳动边际生产力：

$$\frac{\partial D_t}{\partial L_t} = \alpha A_t L_t^{\alpha-1} K_t^\beta = \alpha A_t^{1/\alpha} D_t^{(\alpha-1)} K_t^{\beta/\alpha} = \alpha A_t^{1/\alpha} e^{\theta t(\alpha-1)/\alpha} K_t^{[\beta+(\alpha-1)\gamma]/\alpha} \tag{3.13}$$

在不存在需求约束条件下，工资等于劳动边际生产力。假如两者相等，那么劳动份额占总产出的比重恒为 α。改革开放以来，我国的劳动报酬率持续下降[①]，假定工资增长率是外生给定的，工资增长率 g^w 小于劳动的边际生产力增长率。随着资本积累，实际工资和劳动边际生产力虽然都同时增长，但实际工资增长率低于劳动边际生产率的增长，即 $g^w < \alpha A_t^{1/\alpha}$。于是 t 期的工资水平可以表示为：$w_t = g^w e^{\theta t(\alpha-1)/\alpha} K_t^{[\beta+(\alpha-1)\gamma]/\alpha}$，可以得到：

$$\frac{w_t L_t}{D_t} = \frac{g^w A_t^{-1/\alpha} e^{\theta t} K_t^\gamma}{D_t} = \frac{g^w A_t^{-1/\alpha} D_t}{D_t} = g^w A_t^{-1/\alpha} \tag{3.14}$$

劳动份额 $S_t^l < \alpha$，资本份额 $S_t^k = 1 - \frac{w_t L_t}{D_t} = 1 - g^w A_t^{-1/\alpha}$，即资本份额取决于 A_t 和 g^w。在技术进步水平不变条件下，如果实际工资上升则资本份额减少。由于 $D_t = e^{\theta t} K_t^\gamma$，根据（3.11），增长过程中企业的收益函数为：

$$R(K_t) = S_t^k e^{\theta t} K_t^\gamma \tag{3.15}$$

根据式（3.10），式（3.15）对 K_t 求导后，解得：

$$\gamma S_t^k e^{\theta t} K_t^{\gamma-1} = g_t^k (rq(t) - q(t)) \tag{3.16}$$

定义 k_t 为资本产出比，在需求约束下最优路径即为：

$$k_t = \frac{K_t}{D_t} = K_t^{1-\gamma} e^{-\theta t} \tag{3.17}$$

对时间 t 求导后可以得到：

$$K_t = (1-\gamma) K_t^{-\gamma} e^{-\theta t} K_t - \theta K_t^{1-\gamma} e^{-\theta t} = (1-\gamma) \frac{K_t K_t}{D_t K_t} - \theta k = [(1-\gamma) g_t^k -$$

---

① 见第五章的分析。

θ〕k (3.18)

根据式（3.17），式（3.16）则可以变为：

$$q\ (t)\ =rq\ (t)\ -\frac{\gamma S_t^k}{g_t^k k_t}$$ (3.19)

由于稳态时的资本产出比增长率为0，由式（3.18）可以得到稳态时的最优资本增长率 $g_t^k=\frac{\theta}{1-\gamma}$，在稳态条件下，资本积累和产出增长率都将收敛于：$\frac{\theta}{1-\epsilon}$。在稳态时，$q^*=\frac{(1-\gamma)\ \gamma s_t^k}{r\theta k^*}$，则 $k^*=\frac{rq^*}{\gamma S_t^k g_t^k}$。

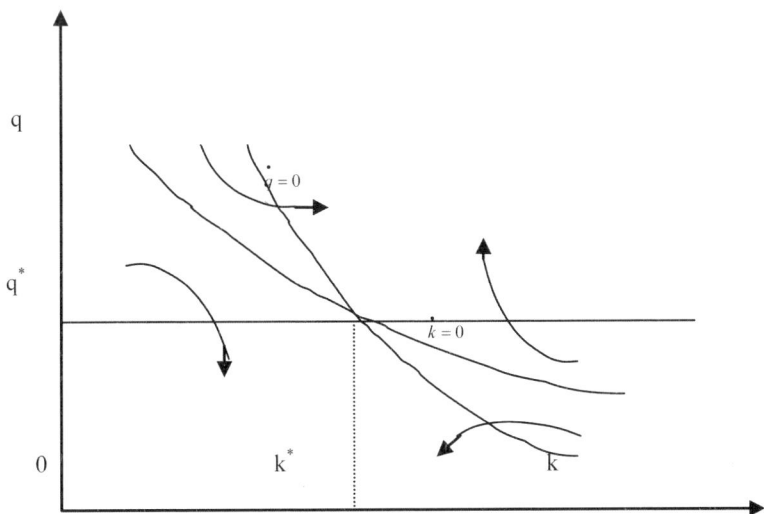

图 3-6　相位图

资本积累和产出增长的时间路径依赖于 S_t^k，γ 和 θ，从最优增长的相位图（图3-6）可以看出，S_t^k 的变化只是暂时地对增长率产生影响，而 θ 和 γ 对资本和产出增长率的影响是持久的。因此，模型中经济增长的主要推动力是外生的需求增长 θ（$\theta=\theta_{RC}+\theta_{GC}+\theta_E$）和需求拉动型技术进步因素 γ。

上面通过凯恩斯主义的投资模型来解释需求约束下的经济增长过程，在我们强调外生需求的增长对经济增长的推动作用。经济的长期增长率取决于 γ 和 θ，居民消费需求作为需求因素之一，显然是影响经济增长的重要因素之一。因此，在经济体面临需求约束的时候，经济增长位于需求区间，是由需求主导的，相反，如果需求大于供给，那么经济体的长期增长率则更多地受到供给面因素（资本积累、技术进步等）的影响。

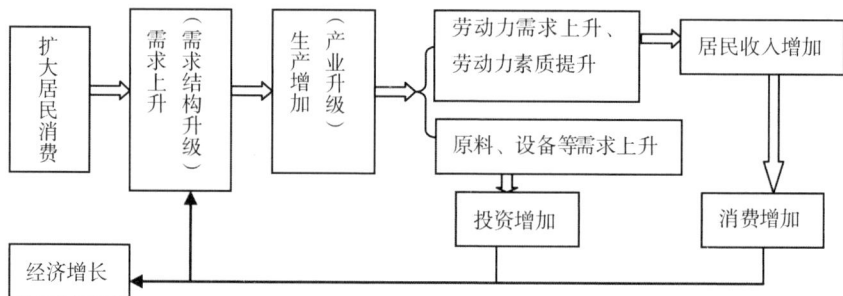

图 3 - 7　居民消费驱动经济增长的流程图

在需求约束下，扩大居民消费对经济增长的驱动作用大致可以用图 3 - 7 的流程图刻画，概括来说，居民消费的扩大对经济增长的影响大致可以归纳如下几个方面：

（1）引致投资效应。消费需求是最终需求，而投资需求是引致需求，作为消费需求主体的居民消费需求的增长为投资的增长提供动力和市场，投资的增长会带来更多的就业机会等，从而促进经济增长。

（2）人力资本效应。扩大居民消费意味着居民消费能力将会有所提升，马克思曾指出，"消费的能力是消费的条件，因而是消费的首要手段，而这种能力是一种个人才能的发展，一种生产力的发展"。随着居民消费能力的增长，消费结构的各个组成部分都将会有所增长，其中的医疗保健、教育文化娱乐服务等发展型消费支出的更快增长将有利提高劳动者的素质，提升劳动生产率：一、居民教育文化娱乐服务等方面支出的增长将提高劳动者受教育的水平，受过更好教育的劳动者的学习能力会更强，技术的专业培训方面的支出则可以提升劳动者工作的熟练程度，这些方面都有利于提高劳动生产率；二、居民医疗保健卫生方面支出的增长将保证劳动者的健康水平和减少疾病发生，健康水平是反映人力资本水平的一个重要因素。因此，扩大居民消费有利于提高人力资本，而较高人力资本若转化为生产力，将推动经济更好地增长。

（3）技术效应。在市场经济条件下企业是技术创新的主要载体，居民消费总量的稳定增长和消费结构持续升级将诱使企业为在激烈的市场竞争中增强企业的竞争力，以市场为导向，以名、优、特、新产品为目标进行技术创新。

企业通过强化技术开发和新产品开发，会提高产品的科技含量和增加产品的附加值，通过加速新技术和新产品的商品化和产业化进程，有利于促进产品的升级和换代，从而推动经济增长。

（4）结构变迁效应。"恩格尔法则"与"配第－克拉克法则"之间具有内在联系，伴随着居民需求总量的持续增长的消费结构升级不仅为产业的发展提供了最广阔的市场空间，也促使产业分化和市场细化，使产业内新的专业性市场不断出现，产品系列将得到不断拓展，产品多样性会大大增加，从而使产业结构向更高级化和合理化的方向发展。产业结构的优化和升级通过改善资源配置从而促进经济增长。

其中人力资本效应、技术效应和结构变迁效应属于经济增长的供给面因素，可以认为是需求诱致性的技术进步。在不存在需求约束条件下，经济增长主要取决于供给面因素，但在需求约束条件下，经济增长却很大程度上受制于需求增长。需求增长的状况不仅影响生产资源的使用程度，而且也会通过人力资本效应、技术效应和结构变迁效应改变生产资源的配置方式从而促进经济增长。

第三节　本章小结

居民消费疲软现已成为制约我国经济持续健康发展的重要障碍之一，然而影响我国居民消费需求的因素是多方面的，因此，扩大居民消费增强消费对经济增长的拉动力是个复杂的问题。在影响因素体系中我国居民消费需求增长的主要制约因素可能与居民的谨慎消费行为、收入分配的不合理和公共支出转型的滞后等分不开。本书简要地分析了它们与居民消费之间的作用机理：

（1）在我国经济转型过程中不确定因素增多，居民所面临各种潜在风险急剧增长，市场化进程中在社会保障体系建设滞后的情况下，理性的消费者会通过增加储蓄减少消费以防止未来不确定性风险所带来的效用损失，居民谨慎的消费行为可能能一定程度上解释我国居民消费疲软问题。

（2）收入分配作为影响居民消费的重要因素，在初次分配方面，一般而言，工资性收入的消费倾向远大于利润性收入的消费倾向，提升劳动报酬率有利于扩大居民消费，但其对经济增长的影响却是个实证问题；在再分配方面，缩小居民收入差距的再分配政策是通过影响社会消费倾向作用于消费需求，其对居民消费的影响是个实证问题。我国收入分配的不合理可能是造成居民消费疲软的重要因素。

（3）公共支出是收入再分配的重要手段之一，其对居民消费既可能具有挤入效应又可能具有挤出效应，公共支出对居民消费的影响不仅表现在支出规模上也表现在支出结构上。在我国公共支出转型过程中充分发挥其对居民消费的挤入效应是增强消费对经济增长的拉动力是推进经济持续健康发展的重要内容。

在需求导向型经济增长过程中，作为需求因素之一的居民消费是经济增长的重要驱动力量之一，扩大居民消费是推动我国经济持续健康发展的重要组成部分。本章基于凯恩斯主义的投资模型分析了需求约束下的经济增长过程，外生需求的增长对经济增长具有显著的推动作用。扩大居民消费除拉动投资影响生产资源的使用程度外，也会通过人力资本效应、技术效应和结构变迁效应等改变生产资源的配置方式从而促进经济增长。

第四章

居民消费的制约因素：不确定性视角

在向市场经济转轨过程中，中国经历着深刻的变革，居民的消费行为发生较大的变化，其中一个突出表现就是居民的消费倾向持续下降，特别是90年以来出现了较大幅度的下降：1989年农村居民的平均消费倾向为0.89，到2009年农村居民的平均消费倾向为0.77，在1998~2004年间，农村居民平均消费倾向在0.71~0.74间徘徊；与此同时，城镇居民的平均消费倾向也出现大幅度的下降，从1989年的0.88持续下降到2009年的0.71。居民的消费倾向下降表明居民的储蓄倾向呈上升态势。改革开放以来由于我国经济持续保持高速增长，城乡居民收入水平持续提高，为什么居民仍"急切"地倾向于储蓄呢？由于居民的消费（储蓄）行为是个体行为，其不仅受收入水平的影响，而且还与居民所感受到的不确定因素密切相关。在转型过程中居民亲身感受到了制度变迁所带来的不确定性，在社会保障体系建设滞后的条件下可能的行为结果是减少消费增加储蓄以预防未来种种不确定的风险。

本章的结构安排如下：第一部分运用状态空间模型（State space model）和卡尔曼滤波算法（Kalman filter），分别估测1979~2009年间我国城乡居民消费行为谨慎程度的演变过程；第二部分对转型时期社会保障体系建设滞后的条件下中国城乡居民消费行为谨慎程度的可能影响因素进行实证检验；最后是本章的简要小结。

第一节　居民消费行为谨慎程度的估测

西方预防性储蓄理论模型（Zeldes，198；Deaton，1991；Carroll，1992；Dynan，1993；等等）及其发展是当前主流消费理论的最前沿的研究方向。从国外经验研究来看，学界并不否认预防性储蓄动机的是否存在，但对其强度有多大的问题上却尚未形成统一的结论，如 Skinner（1988）、Caballero（1990）、Kuehlwein（1991）、Guiso 等（1992）、Wilson（2003）、等等。由于我国特有的经济转型背景，在转型过程中居民所面临和所感受到的不确定因素增多，预防性储蓄理论可能对分析我国居民的消费行为有着重要意义。对于中国经济转型背景下的居民消费行为，我国许多学者都尝试用预防性储蓄理论来定量分析不确定性对中国居民消费或储蓄的影响。这些文献为进一步研究居民的消费行为提供了很大的参考价值，基于前人的研究基础，本书运用规范的经济计量模型通过考察中国城乡居民预防性储蓄动机强度的动态变化分析居民谨慎的消费行为。分别测算改革开放以来各年份中国城乡居民的预防性储蓄动机强度并进行比较。国内诸多文献虽然用不同方法检验了城镇或农村的预防性储蓄动机的存在性、测算了动机强度，但缺乏动态的分析，未能反映预防性储蓄动机强度的时序变化，同时也未能体现城乡差异性。

一、估测模型

西方预防性储蓄模型有好几个，本书采用 Dynan（1993）的预防性储蓄模型，对我国城乡居民预防性储蓄动机的强度进行估测。假设消费者是代表性的，即个体之间无差异，效用函数为时间可加的，且 $u' > 0$，$u'' < 0$，$u''' > 0$，那么追求一生消费效用最大化的代表性消费者的行为可以用表述为：

$$\max \sum_{t=0}^{T-1} E_t \left[(1+\delta)^{-t} u(c_t) \right] \tag{4.1}$$

$$s.t. \ A_{t+1} = (1+r_t) A_t + y_{t+1} - c_{t+1} \tag{4.2}$$

其中，δ 为时间偏好系数，T 为生命周期，A_t 为 t 期的财产，y_{t+1} 为 t+1 期劳动收入，r_t 为 t 期无风险利率。利用动态最优化的 Bellman 方程求解，得到如下的欧拉方程：

$$\left(\frac{1+r_t}{1+\delta} \right) E_t \left[u'(c_{t+1}) \right] = u'(c_t) \tag{4.3}$$

对 $u'(c_{t+1})$ 进行泰勒二阶展开，可得到：

$$u'(c_{t+1}) = u'(c_t) + u''(c_t)(c_{t+1} - c_t) + \frac{1}{2} u'''(c_t)(c_{t+1} - c_t)^2 \tag{4.4}$$

代入（4.3）式并忽略高阶项后得到：

$$E_t \left[\frac{c_{t+1} - c_t}{c_t} \right] = \frac{1}{\zeta} \left[\frac{r_t - \delta}{1+r_t} \right] + \frac{\rho}{2} E_t \left[\left(\frac{c_{t+1} - c_t}{c_t} \right)^2 \right] \tag{4.5}$$

其中 $\zeta = -c_t\,(u''/u')$ 为相对风险厌恶系数，$\rho = -c_t\,(u'''/u'')$ 为相对谨慎系数（Kimball，1990）。

在 Dynan（1993）的研究中，追求效用最大化的理性消费者在预期到未来的不确定时会采取措施来平滑消费，因此只有发生未预期到的不确定事件时，消费才会发生变化。式（4.5）表明，在第 t 期看来，预期未来（第 t+1 期）的消费增长率受到对第 t+1 期消费增长率平方值的预期影响。其经济含义是，若预期到未来（第 t+1 期）的不确定性（消费增长率平方的预期值）增加，就会导致对未来（第 t+1 期）的消费增长预期值增加，两者的相关系数 $\frac{\rho}{2}$ 体现为未来不确定性对预期消费的影响，反映了预防性储蓄动机强度（ρ）。由于 ρ 值在理论上为正，因此，在其他因素不变的条件下，未来（第 t+1 期）不确定性增加必然导致第 t 期的消费减少而储蓄增加，表明消费者正进行预防性储蓄。

进一步地，令 $gc_k = \dfrac{c_k - c_{k-1}}{c_{k-1}}$ 为第 k 时期的消费增长率，进而用从 1 期开始的消费增长率的样本均值再加上一个误差项作为对未来消费的预期，则有（4.5）式可转化为：

$$\frac{1}{t}\sum_{k=1}^{t} gc_k + u_t = \frac{1}{\zeta}\left[\frac{r_t-\delta}{1+r_t}\right] + \frac{\rho}{2}\left(\frac{1}{t}\sum_{k=1}^{t} gc_k^2\right) + v_t \tag{4.6}$$

合并误差项，则有：

$$\frac{1}{t}\sum_{k=1}^{t} gc_k = \frac{1}{\zeta}\left[\frac{r_t-\delta}{1+r_t}\right] + \frac{\rho}{2}\left(\frac{1}{t}\sum_{k=1}^{t} gc_k^2\right) + \varepsilon_t \tag{4.7}$$

二、估测方法——状态空间模型

为了得到各年份的 ρ 值，我们采用状态空间模型（State space model）和卡尔曼滤波算法（Kalman filter）进行估测。在计量经济学中，状态空间模型通过利用强有力的迭代算法——卡尔曼滤波来估计不可观测的时间变量，如理性预期、测量误差、长期收入和不可观测因素（趋势和循环要素）等（高铁梅，2009）。根据（4.7）式，我们可以得到状态空间模型的量测方程：

$$\frac{1}{t}\sum_{k=1}^{t} gc_k = c + \left(\frac{\rho}{2}\right)_t\left(\frac{1}{\zeta}\sum_{k=1}^{t} gc_k^2\right) + \varepsilon_t \tag{4.8}$$

进一步地，构造状态方程：

$$\left(\frac{\rho}{2}\right)_t = \beta_b \left(\frac{\rho}{2}\right)_{t-1} + \omega_t \tag{4.9}$$

其中 β_t 为预防性储蓄动机的自回归系数，ε_t 和 ω_t 分别为量测方程和状态方程的扰动项，且两者之间不相关。

三、估测结果

运用 1978 ~ 2009 年间的全国及城乡分列宏观数据来测算中国居民预防性储蓄动机强度，主要指标包括城镇居民家庭人均消费性支出、农村居民家庭人均生活消费支出、城镇（或农村）居民消费价格指数。全国居民家庭人均消费性支出是对城镇和农村的人均消费支出数据按其人口比重加权而得。需要说明的是，1978 ~ 1984 年间未公布居民消费价格指数，故用零售物价总指数代替。然后，我们将全部指标以 1978 年为基期进行折算，以剔除价格变动的影响。所选数据均来自 1979 ~ 2010 年的《中国统计年鉴》。

由于状态空间模型一般应用于多变量的时间序列，故而也要求方程各变量之间存在长期的均衡关系。为此，我们首先使用 Eviews 6.0 对各变量的样本数据进行单位根检验。经检验，各变量数据均为 I（0）过程（见表 4 - 1），因此可以对量测方程进行直接回归估计。

表 4 - 1 相关变量的单位根检验

样本	变量	检验类型	1%临界值	5%临界值	10%临界值	ADF 值	平稳性
全国	$\frac{1}{t}\sum_{k=1}^{t} gc_k$	（C T 0）	-4.2967	-3.5684	-3.2184	-3.7933**	平稳
	$\frac{1}{t}\sum_{k=1}^{t} gc_k^2$	（C T 0）	-4.2967	-3.5684	-3.2184	-7.1288*	平稳
城镇	$\frac{1}{t}\sum_{k=1}^{t} gc_k$	（C T 0）	-4.2967	-3.5684	-3.2184	-7.7462*	平稳
	$\frac{1}{t}\sum_{k=1}^{t} gc_k^2$	（C T 0）	-4.2967	-3.5684	-3.2184	-15.2271*	平稳

样本	变量	检验类型	1%临界值	5%临界值	10%临界值	ADF 值	平稳性
农村	$\frac{1}{t}\sum_{k=1}^{t}gc_k$	(C 0 1)	-3.6793	-2.9678	-2.6230	-3.9206*	平稳
	$\frac{1}{t}\sum_{k=1}^{t}gc_k^2$	(C 0 1)	-3.6793	-2.9678	-2.6230	-8.3595*	平稳

注：检验类型中依次表示为是否有常数项、趋势项以及滞后阶数，其中滞后阶数根据 AIC 和 SZ 准则选取。*** 表示通过 10% 的显著性水平检验，** 表示通过 5% 的显著性水平检验，* 表示通过 1% 的显著性水平检验。

根据式（4.8）和式（4.9），采用量测方程和状态方程误差协方差 $g\neq0$ 的模型形式，得到状态空间模型的估计结果。对全国而言，量测方程具体形式为：

$$\frac{1}{t}\sum_{k=1}^{t}gc_k = 0.0387 + \left(\frac{\rho}{2}\right)_t\left(\frac{1}{t}\sum_{k=1}^{t}gc_k^2\right) + \left[var = exp(-25.7832)\right]$$

$$(4.10)$$

状态方程具体形式为：

$$\left(\frac{\rho}{2}\right)_t = 0.9987\left(\frac{\rho}{2}\right)_{t-1} + \left[var = exp(-2.9069)\right] \quad (4.11)$$

对城镇而言，量测方程具体形式为：

$$\frac{1}{t}\sum_{k=1}^{t}gc_k = 0.0265 + \left(\frac{\rho}{2}\right)_t\left(\frac{1}{t}\sum_{k=1}^{t}gc_k^2\right) + \left[var = exp(-32.2026)\right]$$

$$(4.12)$$

状态方程具体形式为：

$$\left(\frac{\rho}{2}\right)_t = 0.9977\left(\frac{\rho}{2}\right)_{t-1} + \left[var = exp(-1.8068)\right] \quad (4.13)$$

对农村而言，量测方程具体形式为：

$$\frac{1}{t}\sum_{k=1}^{t}gc_k = 0.0218 + \left(\frac{\rho}{2}\right)_t\left(\frac{1}{t}\sum_{k=1}^{t}gc_k^2\right) + \left[var = exp(-26.5513)\right]$$

$$(4.14)$$

状态方程具体形式为:

$$\left(\frac{\rho}{2}\right)_t = 0.9997 \left(\frac{\rho}{2}\right)_{t-1} + \left[var = exp \ (-3.0844) \right] \tag{4.15}$$

然后, 利用产生状态序列功能的滤波估计结果, 我们得到 1979~2009 年的 $\frac{\rho}{2}$ 值, 进一步可以得出各年份的居民预防性储蓄动机强度 ρ (表 4 − 2), 最终绘制了如下的中国居民预防性储蓄动机强度演变趋势图 (图 4 − 1):

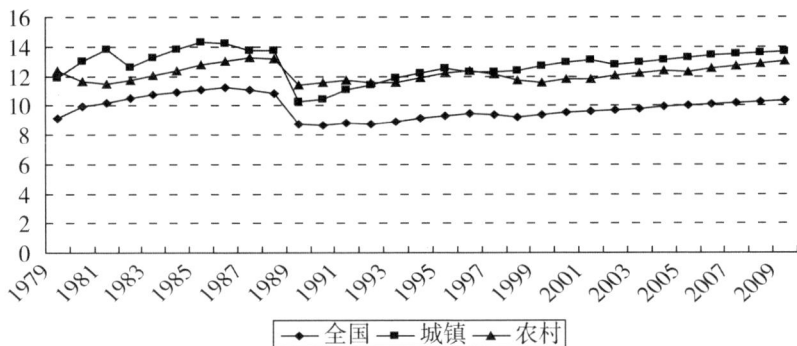

图 4 − 1　1979 − 2009 年中国居民预防性储蓄动机强度①

表 4 − 2　中国居民预防性储蓄动机强度 (值)

年份	全国	城镇	农村	年份	全国	城镇	农村
1979	9.1452	11.8941	12.3292	1995	9.3158	12.4871	12.1809
1980	9.9545	12.9960	11.6245	1996	9.4823	12.2597	12.3665
1981	10.1788	13.8516	11.4970	1997	9.3561	12.2919	12.1207
1982	10.4940	12.6237	11.6990	1998	9.2315	12.3837	11.7353
1983	10.7317	13.2131	12.0321	1999	9.3363	12.6640	11.5327
1984	10.9169	13.8203	12.4010	2000	9.5094	12.9098	11.7602
1985	11.0660	14.2695	12.7427	2001	9.5915	13.0762	11.8319
1986	11.1989	14.1835	13.0156	2002	9.6933	12.7517	12.0381

---

①　由于全国人均支出数据是通过城镇和农村的加权而得, 再加上估测方法自身的因素, 因而可能导致全国的数值比城镇和农村都小。然而, 因其总体变化趋势基本相同, 故全国与城镇和农村之间绝对数值的差异并不影响整体判断。

年份	全国	城镇	农村	年份	全国	城镇	农村
1987	11.0897	13.7758	13.2286	2003	9.8062	12.9350	12.1629
1988	10.8315	13.7646	13.1314	2004	9.9202	13.1021	12.3911
1989	8.7181	10.2229	11.3864	2005	10.0183	13.2482	12.3189
1990	8.6770	10.4446	11.5808	2006	10.1233	13.3947	12.5072
1991	8.8107	11.0430	11.6939	2007	10.2176	13.4748	12.6887
1992	8.7434	11.4136	11.5716	2008	10.2811	13.5951	12.8509
1993	8.8806	11.8517	11.5859	2009	10.3586	13.6546	12.9950
1994	9.1075	12.2167	11.8990	均值	9.8318	12.7682	12.1581

四、估测结果分析

Dynan（1993）认为，ρ 值一般为 2～5 之间，其值越大表明预防性储蓄动机越强，居民消费行为越谨慎。本书所估测的居民预防性储蓄动机强度超过了 *Dynan* 所认为的一般取值范围，且与国内学者所得结论具有一定的差异。这可能是由于样本数据选取和处理以及估测模型设定上的差异所导致的，但这并不妨碍对中国居民预防性储蓄动机强度的整体评价。估测结果（图 4-1）表明，中国居民预防性储蓄动机强度在 1988～1990 年间出现了断点，但其前后两个时间段的趋势都是不断上升的。特别是从 20 世纪 90 年代以来，随着改革开放进程的逐步加快，不确定性因素增多，在社会保障体系建设滞后等的条件下中国居民预防性储蓄动机强度呈现稳步上升的态势。

1979～2009 年间我国城镇和农村居民预防性储蓄动机强度的均值均超过 12（表 4-2），其值都远大于 5，城镇居民预防性储蓄动机强度略高于农村居民的预防性储蓄动机强度，中国城乡居民都存在着较强的预防性储蓄动机，即我国城乡居民的消费行为非常谨慎。从居民预防性储蓄动机演变趋势上看，无论是全国总体还是分城镇和农村，改革开放以来，特别是自 1990 年以来，中国居民预防性储蓄动机强度呈现稳步上升的态势，居民消费行为越来越谨慎显然限制了居民消费需求的扩张。这也一定程度上解释了近几年政府扩大居民消费的相关政策效果为何并不尽如人意。

第二节　影响居民谨慎消费行为的因素分析

中国居民的谨慎的消费行为与制度变迁所带来的不确定性因素紧密相关，这已经被绝大多数学者所认同。这里进一步详细分析转型时期在社会保障体系建设滞后的条件下各种不确定因素特别突出制度因素对中国城乡居民的预防性储蓄行为的具体影响。虽然部分文献指出了居民预防性储蓄动机的可能影响因素，如历史制度性（龙志和与周浩明，2000）、居民的储蓄占有结构（施建淮和朱海婷，2004）等，但缺乏深入分析和实证检验。已有文献或从失业风险和社会福利不确定性风险（邓翔和李锴，2009）、教育程度和年龄（邓可斌和易行健，2010）等方面探讨了我国城镇居民预防性储蓄动机的影响因素，或分析了农村居民预防性储蓄动机的影响因素（田岗，2005；汪浩瀚和唐绍祥，2010），但缺乏对全国及城乡的系统考察和比较分析，且其结论各有差异。然而，中国明显的城乡二元结构特征会导致城乡之间在经济发展条件、制度环境等方面的差异，从而可能造成城乡居民在储蓄、消费、投资等重要经济决策行为及生活方式方面的分异，因此有必要对城镇和农村分别进行分析并进行对比研究。

一、理论假说

假说1：居民预防性储蓄动机与未来收入不确定性之间存在正相关关系，收入不确定性越大，预防性储蓄动机越强烈。

西方预防性储蓄理论强调，预防性储蓄主要是指消费者为预防未来收入的不确定性对消费的冲击而进行的额外储蓄行为。因此，居民进行预防性储蓄的根本原因在于对未来收入不确定性的预期。对中国来说，在经济转型的背景下，人们对经济走势及未来个人收入水平的预期并不明朗，这一定程度上强化了居民的风险预期行为。

假说2：居民预防性储蓄动机与制度不确定性正相关，制度约束及不确定性越大，预防性储蓄动机越强。

与国外经济环境不同，中国正处于由计划经济主导向市场经济主导转型的过程，制度因素是在很大程度上影响甚至决定着微观经济主体行为，从而是研究经济现象时所不可忽视的因素。对于改革开放以来中国居民较强的预防性储蓄行为，经济转型过程中制度的不确定，如收入分配不合理、外部融资环境不佳、地方政府对经济的过度干预等也可能是相当重要的影响因素。此外，经济转型环境中制度变量的不断变化使得居民缺乏明确的制度预期，居民主观感受的不确定性远远超过了客观存在的不确定性，从而可能导致居民的预防性储蓄动机显著增强。

假说3：居民预防性储蓄动机与利率负相关，利率越高，预防性储蓄动机强度越大。

作为影响投资与储蓄的关键变量，利率无疑可能是影响居民预防性储蓄动机的重要因素之一，同时反映了利率制度与政策的变动。一般来说，利率越高，储蓄动机越强，但在利率市场化程度不高条件下，预防性储蓄动机的利率弹性并不高，甚至可能成为居民对经济安全估计的一个重要参考值。因此，"降息"的政策效果非但不能促进消费，反而可能导致人们对自身经济安全产生悲观预期，从而强化其预防性储蓄动机。

二、计量模型、变量选取与数据说明

根据以上假说，我们将中国居民预防性储蓄动机影响因素的回归模型设定如下：$\rho_t = c + \sum_{i=1}^{k} \beta_i X_{i,t} + \varepsilon_t$　　　　　　　　　　(4.16)

其中，ρ_t 为城乡居民预防性储蓄动机的强度，β_i 为一组影响因素 X_{it} 的贡献度，c 为常数项，ε_t 为白噪声。结合中国实际，影响因素 X_{it} 的具体变量的选取如下：

(1) 收入不确定性（*income*）。关于居民收入不确定性指标的衡量方式，主要包括样本收入方差（*Carrall*，1998）、收入标准差（宋铮，1999；孙凤，2001）、收入增长的预测误差值的平方（万广华等，2001）等。其中，使用收入增长的预测误差值的平方值指标对预测模型的精度要求较高。本书参照汪浩瀚和唐绍祥（2010）的做法，对收入不确定性进行类似方差的处理，即选取居民家庭实际人均收入的对数差分与总体样本均值之差的平方值 $\left(\Delta ln y_t - \frac{1}{n}\sum_{t=1}^{n}\left(\Delta \ln\right) y_t\right)^2$ 来衡量。其中城镇数据为居民家庭实际人均可支配收入，农村数据为居民家庭实际人均纯收入，全国数据为城镇和农村的实际人均收入数据按其人口比重的加权。

(2) 融资约束（*financing*）。田岗（2005）指出，农村居民储蓄行为本身就是其针对融资约束的一种反应，储蓄存款体现了融资约束，融资约束的压力越大，农村居民越是倾向于储蓄存款。同样，对于城镇居民也会产生此类反应。因此，本书选取城乡居民人民币实际储蓄存款年增加额占国民收入增加额的比重（ΔS/ΔY）来衡量我国居民所面临的融资约束。

（3）居民收入差距。根据惯例，选取全国、城镇及农村各年的基尼系数来衡量居民收入差距，用 *gini* 来表示，基尼系数的数据来源见第六章。

（4）市场化程度。本书选用实际公共支出的增量与实际 *GDP* 增量之比来反向衡量市场化程度，可称之为"边际公共支出率（*mfer*）"。与通常所用的公共支出总额占 *GDP* 总额的比重相比，该值体现了政府在经济运行中作用的动态变迁，符合本书基于时间序列的动态分析。边际公共支出率越大，市场化程度度越小。

（5）利率因素（*r*）。本书选取全国一年期定期存款利率的加权平均值来表示名义利率。全国实际利率、城镇实际利率和农村实际利率分别通过名义利率减去以上年为基期的各自居民消费价格指数变化率而得。

对于样本数据的原始来源，利率数据出自中国人民银行网站，其他的原始数据来源于相关年份《中国统计年鉴》。

三、实证过程

先对样本数据进行单位根检验（见表 4 – 3）。经检验，各变量数据满足 *I*（1）过程，满足协整检验的前提。然后运用 *Engle – Granger* 检验方法对各模型回归后的残差进行协整关系的检验（见表 4 – 4），结果表明各影响因素与居民预防性储蓄动机之间存在长期稳定的均衡关系。

表 4 – 3　单位根检验

样本	变量	检验类型	1%临界值	5%临界值	10%临界值	ADF 值	平稳性
全国	*psm*	（C T 0）	– 4.2967	– 3.5684	– 3.2184	– 1.7010	不平稳
	△*psm*	（C T 0）	– 4.3098	– 3.5742	– 3.2217	– 4.3596[*]	平稳
	income	（C T 0）	– 4.2967	– 3.5684	– 3.2184	– 4.3560[*]	平稳
	△*income*	（C T 0）	– 4.3098	– 3.5742	– 3.2217	– 7.1435[*]	平稳
	financing	（C T 0）	– 4.2967	– 3.5684	– 3.2184	– 5.1922[*]	平稳
	△*financing*	（C T 0）	– 4.3098	– 3.5742	– 3.2217	– 9.1013[*]	平稳
	gini	（C T 1）	– 4.3098	– 3.5742	– 3.2217	– 3.7805[**]	平稳
	△*gini*	（C T 0）	– 4.3098	– 3.5742	– 3.2217	– 3.8836[**]	平稳

样本	变量	检验类型	1%临界值	5%临界值	10%临界值	ADF 值	平稳性
全国	mfer	(C T 0)	- 4.2967	- 3.5684	- 3.2184	- 4.8777*	平稳
	△mfer	(C T 1)	- 4.3240	- 3.5806	- 3.2253	- 7.3400*	平稳
	r	(C 0 0)	- 3.6701	- 2.9640	- 2.6210	- 0.9845	不平稳
	△r	(C 0 0)	- 3.6793	- 2.9678	- 2.6230	- 3.7741*	平稳
城镇	psm	(C T 0)	- 4.2967	- 3.5684	- 3.2184	- 2.2027	不平稳
	△psm	(C T 0)	- 4.3098	- 3.5742	- 3.2217	- 5.3246*	平稳
	income	(C T 0)	- 4.2967	- 3.5684	- 3.2184	- 4.3015*	平稳
	△income	(C T 0)	- 4.3098	- 3.5742	- 3.2217	- 7.6394*	平稳
	gini	(C T 0)	- 4.2967	- 3.5684	- 3.2184	- 2.1755	不平稳
	△gini	(C T 0)	- 4.3098	- 3.5742	- 3.2217	- 4.4502*	平稳
	r	(C 0 0)	- 3.6701	- 2.9640	- 2.6210	- 1.0180	不平稳
	△r	(C 0 0)	- 3.6793	- 2.9678	- 2.6230	- 3.7793*	平稳
农村	psm	(C T 0)	- 4.2967	- 3.5684	- 3.2184	- 2.0175	不平稳
	△psm	(C T 0)	- 4.3098	- 3.5742	- 3.2217	- 4.6670*	平稳
	income	(C T 0)	- 4.2967	- 3.5684	- 3.2184	- 5.6862*	平稳
	△income	(C T 0)	- 4.3098	- 3.5742	- 3.2217	- 8.8272*	平稳
	gini	(C T 7)	- 4.4163	- 3.6220	- 3.2486	- 4.7632*	平稳
	△gini	(C T 0)	- 4.3098	- 3.5742	- 3.2217	- 7.4047*	平稳
	r	(C 0 0)	- 3.6701	- 2.9640	- 2.6210	- 1.0072	不平稳
	△r	(C 0 0)	- 3.6793	- 2.9678	- 2.6230	- 3.7507*	平稳

注：*表示通过1%的显著性水平检验，**表示通过5%的显著性水平检验，***表示通过10%的显著性水平检验，未带*表示未通过10%的显著性水平检验，下表同。

表 4 - 4　协整检验

样本	检验类型	1%临界值	5%临界值	10%临界值	ADF 值	平稳性
全国	(C 0 3)	- 3.6999	- 2.9763	- 2.6274	- 3.1881**	平稳
城镇	(C 0 2)	- 3.6892	- 2.9719	- 2.6251	- 3.9205*	平稳
农村	(C 0 1)	- 3.6793	- 2.9678	- 2.6230	- 3.6738**	平稳

四、实证结果分析

通过对全国、城镇及农村居民谨慎消费行为的影响因素进行分别估计后，可以得到如表4－5所示的结果：

表4－5　中国居民预防性储蓄动机的影响因素估计

解释变量	全国	城镇	农村
c	10.1063* (0.0000)	14.0094* (0.0000)	13.9949* (0.0000)
income	44.1070*** (0.0772)	99.6078* (0.0006)	27.0963 (0.1037)
financing	0.2536* (0.0044)	0.2205* (0.0018)	0.2353* (0.0053)
gini	0.8622 (0.7740)	－0.3156 (0.9036)	－1.9509 (0.5155)
marketing	－0.6277** (0.0197)	－1.9467* (0.0000)	－0.8607** (0.0224)
r	－0.1498* (0.0056)	－0.2108* (0.0013)	－0.1415* (0.0011)
ar (1)	1.5444* (0.0000)	1.4071* (0.0000)	1.2614* (0.0000)
ar (2)	－0.7046* (0.0001)	－0.7286* (0.0001)	－0.6007* (0.0001)
$AD-R^2$ 值	0.8945	0.8924	0.8354
$D-W$ 值	2.1249	2.4429	1.6630

注：括号内为 p 值，其中*表示通过1%的显著性水平检验，**表示通过5%的显著性水平检验，***表示通过10%的显著性水平检验，未带*表示未通过10%的显著性水平检验。

（1）收入不确定性是全国和城镇居民预防性储蓄动机的主要影响因素，

但对农村居民来说则其影响程度下降①。从全国整体来看，收入不确定性每增加1%，居民预防性储蓄动机强度就增加44.107%；对城镇居民来说，影响系数则达到99.6078，且都在1%的水平上显著。该结论体现了收入不确定性预期在居民预防性储蓄决策中的重要作用，支持了本书的假说。然而，对于农村居民来说，收入不确定性的影响的显著性下降，且影响系数跟城镇和全国比是最小的。我们将农村居民预防性储蓄动机系数（rpsm）对收入不确定性进行单独回归发现，两者则呈显著的负相关关系，这也说明其他因素如制度等变量可能是影响农村居民预防性储蓄动机的不可忽略的因素。该结论在较大程度上反映了转型背景下制度变量在一定条件下可能对经济主体决策产生决定性的影响。

（2）融资约束是中国居民预防性储蓄动机的重要影响因素。对中国来说，信贷市场和资本市场的不完善和低效率，导致居民很难通过外部融资渠道来支持当期消费和跨期消费，从而使得居民不得不通过自主性储蓄来预防未来的不确定性。这在现实决策中体现为居民通过提高边际储蓄倾向进行保险储备来缓解融资约束，以抵消未来不确定性风险。从城镇与农村的差异性来看，农村居民受融资约束的影响要略大于城镇居民。其可能的原因是农村居民的储蓄动机更多是为了预防性和交易性需求，所以除了手持现金和储蓄存款外，几乎不存在其他形式的金融资产。而城市和农村的社会福利制度不同，也会导致农村居民的融资约束感受在没有外部有效保障的情况下更加强烈（田岗，2005）。另外，长期以来形成的小农经济思想和小家庭主义会使农村居民更加倾向于通过自我储蓄来抵御未来风险。

（3）市场化程度对中国居民预防性储蓄动机具有正向影响。回归结果显示，无论对于全国、城镇还是农村来说，居民预防性储蓄动机系数与边际公共支出率（mfer）之间存在呈显著的负相关关系。这表明，边际公共支出率越小，即市场化程度越大，居民预防性储蓄动机越强。该结论很好地支持了前文的估测结果——1990年以来随着市场化程度加深中国居民预防性储蓄动机强度呈现出稳步上升的趋势。

（4）利率与居民预防性储蓄动机之间呈反向变化。该研究结论表明，在

---

① 收入不确定性对农村居民消费的显著性水平为10.37%，这可能是由于数据的不完美造成的，考虑到非常接近10%，因此本书这里把它作为通过10%显著性水平看待。

利率市场化程度较低、资本市场不完善条件下，中国居民的消费储蓄行为并非是一种追求效用最大化的理性决策，导致利率对储蓄的"替代效应"不显，而更多地体现为一种"收入预期效应"。因此利率的下降会导致居民预防性储蓄动机加大。

（5）居民收入差距因素并未体现出对居民预防性储蓄动机的显著影响。然而本书认为，这并不能否定居民收入差距因素对中国居民消费和储蓄行为的影响，而只能说明相对于其他变量而言，其影响程度次之；也可能是因为居民收入差距对居民预防性储蓄动机的影响已经反映在其他变量中，比如市场化程度越高，收入不确定程度也越高，居民收入差距的扩大也是市场化的一种结果。

通过对转型期中国城乡居民预防性储蓄动机的影响因素进行实证研究后发现：从全国和城镇范围看，收入不确定性及融资约束、市场化程度等制度因素对居民消费行为的谨慎程度均有显著的正向影响，而利率因素与居民预防性储蓄动机呈负相关关系，反映了利率的"收入预期效应"；而对农村居民来说，收入不确定性对居民预防性储蓄动机的影响程度下降，融资约束、市场化程度等制度因素也对农村居民的谨慎消费行为体现了显著的正向影响，且与城镇相比，农村居民预防性储蓄动机受融资约束的影响更大；利率的"收入预期效应"在农村也存在。因而可以说，转型背景下制度因素及其不确定性作为一种系统性风险，是中国居民谨慎消费行为的不可忽略的因素。

第三节　本章小结及相应建议

有研究发现，长期边际消费倾向大致等于平均消费倾向，并不会呈现出持续趋势。一国（地区）社会经济发展若相对稳定，随着其收入水平稳定增长居民会对其消费水平做相应调整，一般不会出现消费倾向持续递减。在我国城乡居民收入水平持续提高的背景下，针对居民仍"急切"地倾向于储蓄的经济现象，西方的预防性储蓄理论给出了一个有力的解释。无论是从全国总体样本还是分城镇样本和农村样本来看，1979～2009年间中国居民的预防性储蓄动机值都介于8～14之间，中国城镇和农村居民都存在着较强的预防性储蓄动机。城镇居民预防性储蓄动机均略高于农村，在一定程度上反映了在市场化进程中城镇居民的生活压力要大于农村。而从演变趋势来看，无论是城镇还是农村居民，居民消费行为越来越谨慎。我国处在特殊的经济转型时期，在社会保障体系建设滞后的背景下，收入的不确定性是影响居民预防性储蓄动机的重要因素，由于居民往往面临未来收入不确定的预期，因此居民往往也表现出谨慎的消费行为。制度因素及其不确定性作为一种系统性风险，也是影响我国居民预防性储蓄动机的重要影响因素，它强化了我国城乡居民预防性储蓄动机使得居民的消费行为表现更为谨慎。在我国经济转型过程中无论城镇居民还是农村居民面临的未来不确定性风险都在上升，居民的消费行为越来越谨慎，居民显然存在着"不敢消费"的问题。针对居民"不敢消费"的问题通过完善社会保障体系等匡正居民消费行为的政策是扩大居民消费的有效举措。

与此同时，我们也可以发现，运用预防性储蓄理论分析我国居民谨慎的消费行为显然是在居民收入流既定的假定下通过代表性消费者的方式分析居民消费问题。在收入流既定的情况下，预防性储蓄理论有力地解释我国居民消费减少的问题：为预防未来的不确定性所带来的风险居民进行超常的储蓄导致了消费水平的相对下降。事实上，解释"中国居民消费不振"这一相对宏观的经济想象，尽管西方的预防性储蓄理论具有严密的微观理论基础，但若仅从这个角度研究既定收入流下的居民消费（储蓄）的行为进而讨论我国消费不足问题是不全面的，因为它回避了对经济增长过程中城乡家庭收入流问题的研究。

在国民收入流一定的情况下，由于经济体中存在不同主体：政府、企业和居民部门，不同主体对应着不同的消费倾向，对国民收入的不同分配结构将极大地影响整个社会消费率。例如，相对于居民部门收入，政府部门收入（税收）和企业部门收入（利润）收入增长过快，将会直接导致居民消费的相对下降。即使居民部门的收入流一定，居民内部的不同群体往往也对应着不同的消费倾向，居民内部收入不平等的程度升高，也将影响整个社会消费率的变化。

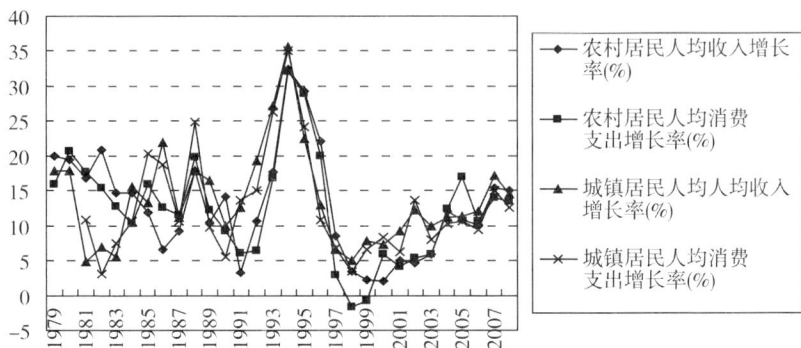

图 4 - 2　中国城乡居民人均收入和人均消费支出增长率（%）

改革开放以来，我国城乡居民的收入增长率均分别与其消费支出增长率保持着高度的正相关关系（见图 4 - 2），城乡居民收入水平提升的结果自然是消费水平的提升。但我们也发现，经济高速增长的同时，我国城乡居民消费水平的增长率基本上低于经济增长率（见图 4 - 3），表明居民总体上并没有充分分享到经济发展的成果。若进一步从近年来国民收入分配格局上看，无论是初次分配还是再分配后，居民部门在国民收入分配格局中所占比重都呈现出持续下降趋势（见图 4 - 4），这也进一步验证了居民部门总体上并没有充分分享到经济发展的成果。因此，研究居民部门的收入流问题也是解释"中国居民消费不振"不可或缺的重要方面。此外，改革开放以来我国居民收入差距不断扩大，这也可能限制了居民消费需求的扩张，主流的代表性消费者的假定显然不可能考虑到这方面的影响。

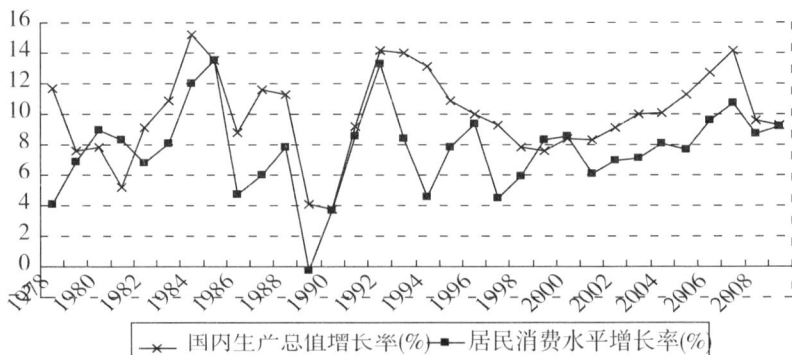

图 4 - 3　我国经济增长率和居民消费水平增长率

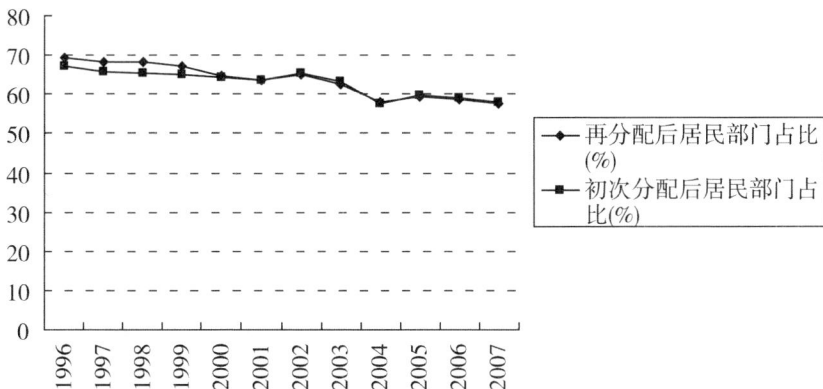

图 4-4 我国国民收入结构中居民部门所占比重（%）

综上所述，在居民部门收入流既定的情况下，基于代表性消费者假定的预防性储蓄理论能在很大程度上解释我国居民消费问题，但若仅仅从这个角度分析中国的居民消费问题是不全面的，因为它忽视了对居民部门收入流问题的研究，也忽视了居民内部收入差距的变化对居民消费的影响。初次分配的不合理，加上收入再分配功能的缺失，居民收入差距持续扩大，其直接后果就是加剧社会的贫困问题，导致中低收入者的消费需求不足，使得社会总消费需求不足。虽然适度的收入差距是市场经济的必然产物，但收入差距的持续扩大显然会限制居民消费需求的扩张，应从收入分配等宏观角度去进一步寻找原因。

第五章

居民消费的制约因素：收入分配视角

居民消费疲软是我国经济持续健康发展所要解决的急迫课题，在我国经济持续快速增长过程中，收入分配的市场化变革带来了分配格局的巨大变化，"我们不仅要通过发展经济，把社会财富这个'蛋糕'做大，也要通过合理的收入分配制度把'蛋糕'分好"。过去收入分配的不合理极大地限制了居民消费的增长，近几十年来从收入分配角度研究扩大居民消费的问题逐渐升温，前人的研究对有效探讨扩大居民消费问题具有积极意义。如何完善当前的收入分配制度扩大居民消费进而推动我国经济持续健康发展和确保人们共享经济发展成果现已成为全社会共同关注的话题。

本章结构安排如下：第一部分是对我国收入分配的状况进行统计描述；第二部分从初次分配角度在理论和实证上分析收入分配调整对居民消费的影响；第三部分从再分配角度在理论和实证上分析收入分配调整对居民消费的影响；最后是本章内容的小结，总结基于扩大居民消费视角收入分配调整的思路。

第一节 我国收入分配的现状和特征

一、近年来劳动者报酬持续下降，劳动者报酬率偏低

初次分配和再分配是我国收入分配体系的两个组成部分①，初次分配所涉及的是资本所有者和劳动者之间的分配问题。在初次分配方面，从劳动者报酬率（劳动者报酬占 *GDP* 的比重）上看，改革开放以来我国劳动报酬率总体上呈现下降趋势，但在演变过程中表现为"两升两降"的特征（见图 5 - 1）：

---

① 严格来说收入分配还包括三次分配，本书并不研究第三次分配，仅从初次分配和再次分配两个视角进行分析。

第一阶段为 1979~1984 年，劳动报酬率呈逐年上升趋势，从 1978 年 49.81% 上升到 1984 年的 54.45%，6 年间提高了约 9.3 个百分点；第二阶段为 1984~ 1993 年，劳动报酬率除 1990 这一年突然上升外，基本呈逐年下降的趋势，从 1984 年的 54.45% 下降到 1993 年的 49.49%，9 年间下降了约 9.1 个百分点；第三阶段为 1993~1995 年，劳动报酬率从 1993 年的 49.49% 上升到 1995 年的 51.44%，2 年间提高了约 3.9 个百分点；第四阶段是 1995 年以后，劳动报酬率持续下降，从 1995 年的 51.44% 下降到 2007 年的 39.68%，12 年间下降了约 22.9 个百分点，下降的幅度之大和时间之长是较前一下降阶段的一个显著特征。下面对 1995 年后我国劳动报酬率这一下降趋势进一步从省际差异上和国际比较上进行更深入的分析。

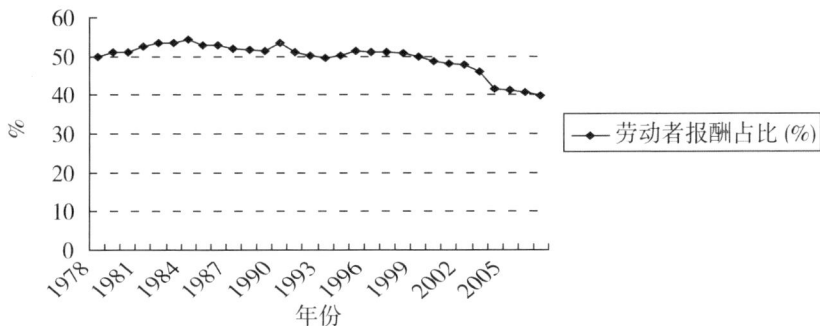

图 5-1 我国劳动者报酬率的演变趋势 (%)

注：1978~2006 年数据转引自白重恩等：国民收入的要素分配：统计数据背后的故事 [J].经济研究，2009 (3)：29。2007 数据根据 2008 年的《中国统计年鉴》进行测算。由于 2009 年《中国统计年鉴》中各地区劳动者报酬的数据并没有更新，数据只到 2007 年。

对 1995 年后的劳动报酬率持续下降现象进一步从省际层面上分析，全国绝大多数省份（北京除外）的劳动报酬率都下降了（见表 5-1）。从下降幅度来看，截至 2007 年，下降 19 个百分点以上的有内蒙古和吉林等 21 个省份，其中内蒙古的下降幅度最大，下降 10~19 个百分点的有 5 个，下降 10 个百分点以下的只有 3 个，北京略为上升。提高劳动报酬在初次分配中的比重是主要凭劳动力赚取收入的中低收入阶层更多地分享到经济发展的成果的一个关键所在，当前的这种分配关系显然会制约广大劳动者收入水平的增长。

表 5-1 1995 年和 2007 年我国各省劳动者报酬率（%）

省份	1995 年	2007 年	升降幅度	省份	1995 年	2007 年	升降幅度
北京	42.98	43.53	1.30	湖北	58.17	41.30	-29.01
天津	44.75	31.45	-29.70	湖南	66.49	46.45	-30.15
河北	57.66	38.35	-33.50	广东	49.36	38.78	-21.44
山西	42.33	33.13	-21.74	广西	65.54	46.31	-29.34
内蒙古	58.96	34.37	-41.71	海南	48.98	41.92	-14.41
辽宁	47.37	40.50	-14.51	重庆	51.13	47.82	-6.47
吉林	59.91	41.07	-31.45	四川	56.74	45.73	-19.41
黑龙江	47.55	36.35	-23.55	贵州	64.83	45.02	-30.56
上海	36.08	34.96	-3.10	云南	46.18	44.67	-3.26
江苏	47.09	37.34	-20.71	西藏	75.92	51.27	-32.46
浙江	42.86	39.58	-7.64	陕西	57.15	37.17	-34.95
安徽	57.32	44.01	-23.21	甘肃	49.87	43.71	-12.34
福建	52.59	42.38	-19.42	青海	53.92	45.48	-15.65
江西	61.43	44.55	-27.47	宁夏	51.58	45.17	-12.44
山东	46.02	34.98	-23.99	新疆	55.49	44.47	-19.85
河南	61.00	41.08	-32.65				

注：1995 年的原始数据来源于《中国国内生产总值核算历史资料 1952-2004》，2007 年的原始数据来源于 2008 年《中国统计年鉴》。

表 5-2 劳动者报酬率的国际比较（%）

世界	低收入国家	中间收入国家	高收入国家	全世界
劳动者报酬率	60	51	59	56.67
我国	1995 年	2000 年	2005 年	2007 年
劳动者报酬率	51.44	48.71	41.40	39.68
2007 年我国	东部	中部	西部	东北部
劳动者报酬率	37.93	41.75	44.09	39.31

注：高、中和低收入国家的平均劳动者报酬率的数据来源于李稻葵等：GDP 中劳动份额演变的 U 型规律 [J].经济研究，2009（1）：74。其他数据根据《中国统计年鉴》的原始数据测算得到。

在国际比较上，1995 年我国劳动报酬率虽然低于高收入国家和低收入国家的平均水平，也略低于全世界平均水平，但却和中等收入国家的平均水平相当，而我国也正处于中间收入国家之列（表 5-2），因此并不能认为低于世界平均水平就判断我国劳动者报酬偏低。然而，从 1995 年开始我国劳动报酬率经过 12 年间持续下降，2007 年的劳动报酬率已经远低于中等收入国家。若考虑到国际数据中劳动者报酬率的测算缺少"自我雇佣者收入"这部分，那么国际的数据都会稍微提高点，则目前我国的劳动报酬率就更低了。

二、国民收入分配格局中居民部门占比下降，再分配政策并未向居民部门倾斜

从初次分配后国民收入分配格局来看，近年来随着劳动报酬率的持续下降，国民收入分配格局改变了过去向居民部门倾斜的状况，初次分配后居民部门所占比重有持续下降的趋势（表 5-3）：从 1996 年的 67.2% 下降到 2007 年的 57.9%，下降了约 13.8 个百分点。而企业部门和政府部门从 1996 年开始其初次分配后所占比重则呈现上升趋势：企业部门所占比重从 1996 年的 17.2% 上升到 2007 的 22.6%，政府部门所占比重从 1996 年的 15.5% 上升到 2007 的 19.5%。这些表明，近年来收入分配政策的初次分配向企业和政府部门倾斜，在我国经济高速增长过程中显然限制了居民总体收入水平的增长。

表 5-3　我国初次分配和再分配后的国民收入结构（%）

年份	初次分配后企业占比	初次分配后政府占比	初次分配后居民占比	再分配后企业占比	再分配后政府占比	再分配后居民占比
1996	17.2	15.5	67.2	13.6	17.2	69.3
1997	18.1	16.2	65.7	14.4	17.5	68.1
1998	17.5	16.9	65.6	14.3	17.5	68.1
1999	18.1	17.0	65.0	14.3	18.6	67.1
2000	18.9	16.7	64.4	15.7	19.5	64.8
2001	18.1	18.4	63.5	15.1	21.1	63.8
2002	17.3	17.5	65.3	14.3	20.5	65.2
2003	18.8	18.0	63.2	15.5	21.9	62.7
2004	24.5	17.8	57.7	21.8	20.4	57.8
2005	22.9	17.5	59.6	20.0	20.5	59.4

年份	初次分配后企业占比	初次分配后政府占比	初次分配后居民占比	再分配后企业占比	再分配后政府占比	再分配后居民占比
2006	22.4	18.6	59.0	18.5	22.8	58.7
2007	22.6	19.5	57.9	18.4	24.1	57.5

注：根据历年《中国统计年鉴》中资金流量表（实物交易）的数据整理。

进一步从再分配后国民收入分配格局（表5-3）来看，就居民部门而言，2000年以前其所占比重经过再分配稍微有所上升，但是上升幅度并不大，约提高两个百分点左右，而2000年后，经过再分配后的居民部门所占比重并没有很大改善，甚至还有所减少，政府部门所占比重却上升幅度明显。这些表明近年来收入分配政策中的再分配也没有向居民部门倾斜，收入再分配政策主要还是向政府部门倾斜。

三、居民收入差距持续扩大，城乡间的收入差距不容忽视

市场经济通过竞争配置资源，提高了经济效率，推动了经济的发展。然而，市场也存在失灵的一面，市场导向的收入分配并不能有效解决贫富差距和社会贫困问题，这就决定了政府在二次分配中的主体作用，注重公平原则的再分配政策是政府通过税收和财政等政策杠杆对社会成员的财富进行"再分配"，以缩小收入差距，使社会成员共享经济发展的成果。基尼系数是衡量居民收入差距的通用指标，一般认为，基尼系数在0.2以下，表示居民之间收入分配是平均的，在0.2~0.3之间表示相对平均，在0.3~0.4之间认为比较合理，通常把0.4作为收入分配贫富差距的"警戒线"，超过0.4则表示居民之间收入分配不合理。从我国基尼系数的演变趋势看，改革开放以来我国基尼系数总体上呈现在波动中持续上升趋势（见图5-2）。改革开放初期我国基尼系数并不高，1978年为0.3023，1985年基尼系数下降到0.2525，之后快速上升，1995年的基尼系数达到0.3815，接近0.4的国际公认的"警戒线"，2001年开始突破0.4的"警戒线"，为0.4040，之后居高不下，2009我国基尼系数高达0.4387。我国基尼系数的持续上升且居高不下，表明经济发展过程中居民收入差距持续扩大，当前的居民收入差距是不合理的，经济虽然在高速发展但经济发展的成果分配是不平衡的。

全国基尼系数

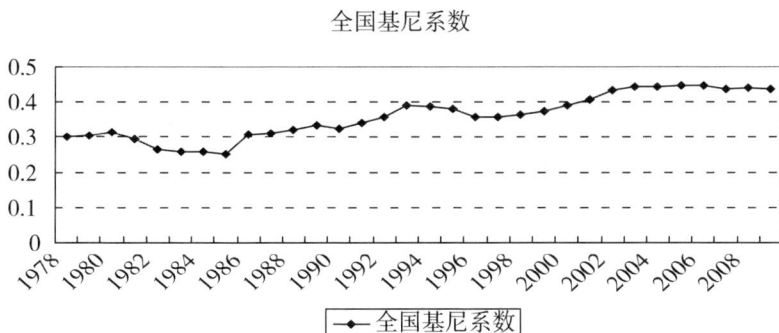

图 5 - 2　我国基尼系数的演变趋势（1978～2009）

注：全国基尼系数的数据使用城乡加权法得到，城乡基尼系数的数据来源见图 5 - 3。

全体居民收入差距可以表现为城镇内部居民收入差距、农村内部居民收入差距和城乡居民之间收入差距等多个方面。从其内部结构上看（见图 5 - 3），1978 年农村和城镇的基尼系数为 0.2124 和 0.16，在农村和城镇内部居民收入分配是比较平均的。从演变趋势上看，农村和城镇的基尼系数演变路径存在差异，农村的基尼系数处于一路上升趋势，2009 我国农村基尼系数达到 0.385；而城镇的基尼系数分为两个阶段，第一阶段为 1978～1992 年，基尼系数处在 0.15～0.18 之间震荡，第二阶段为 1992 年以后，城镇的基尼系数也持续上升，从 1992 年的 0.1791 上升到 2009 年的 0.3113。虽然当前我国农村和城镇的基尼系数还没超过"警戒线"，处于一个比较合理的范围，但全国基尼系数 2001 年就已超过了"警戒线"，全国基尼系数的基尼系数过高很大一部分是由我国特殊的城乡居民收入差距造成的。

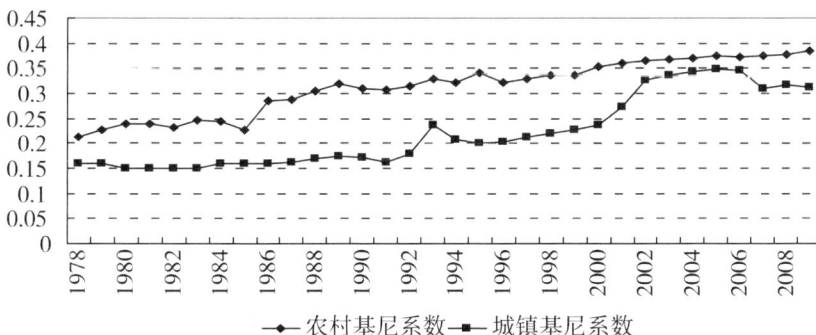

图 5 - 3　我国城乡基尼系数（1978～2009）

注：农村基尼系数来自于2010年《中国农业年鉴》；1985年后城镇基尼系数的计算采用等分法计算得到，原始数据来源于国家统计局公布的分组数据，1985年前的数据来自于李俊霖等：《城镇居民收入分配差距、消费需求与经济增长》［J］. 统计与决策，2006（5）：96；对于缺失的1979年农村基尼系数的数据我们用插值法补齐。

从城乡间收入差距来看（见图5-4），1978年我国城乡居民人均收入比约为2.5704，1983年这一比值下降到1.8225的最低水平，之后这一比值逐步恢复，1995年我国城乡居民人均收入比约为2.7146，2002年超过了3，且居高不下，2009年我国城乡居民人均收入比高达到3.333，为历史以来的最高水平。结合我国基尼系数的演变趋势，城乡居民人均收入比与我国基尼系数几乎保持着相同的演变轨迹，因此，我国居民收入分配差距扩大的一个不容忽视的特征就是城乡居民之间收入差距的持续扩大。

城乡人均收入比

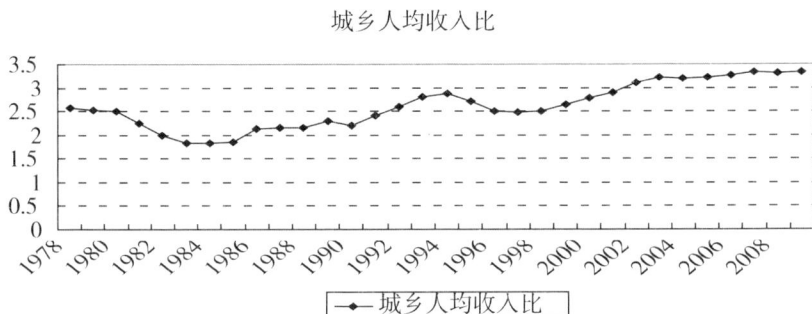

图5-4　我国城乡收入差距（1978～2009）

综上所述，初次分配方面我国劳动者报酬率持续下降，当前我国劳动者报酬率显著偏低。伴随劳动者报酬率的持续下降，居民部门在初次分配后的国民收入分配格局中的比重持续走低，且近年来再分配政策也并没有向居民部门倾斜，总体上居民部门并没有充分分享到经济发展的成果，且居民收入差距呈现持续扩大趋势，其中的一个重要特征就是城乡居民间收入差距的持续扩大。因此，当前的收入分配政策可能是导致我国居民消费需求不振的重要制约因素。根据第四章的机制分析，下面从初次分配和再分配两个视角对如何完善收入分配制度扩大居民消费的问题进行实证研究。

第二节　初次分配对居民消费的影响

在初次分配方面，"卡尔多事实"认为劳动者报酬率（也称劳动收入占比）在长期内保持不变。由于经济学家们对第一个事实的广泛认同，对劳动者报酬的研究在20世纪80年代之前很少学者涉及。而近几十年来，西方国家和我国相继出现劳动者报酬下降的经济现象引起了部分研究者的关注，这方面的研究主要有以下三方面：一，劳动者报酬率的演变趋势研究，通过对统计数据的分析大多数研究（*Hofman*，2001；*Rahul and Ramana*，2005；卓勇良，2007；肖红叶，2009；白重恩和钱震杰，2009；李稻葵等，2009；刘社建和李振明，2010；等等）认为，在许多发展中国家甚至是有些发达国家，劳动者报酬率并非固定不变，劳动者报酬的下降与所谓的"卡尔多事实"有冲突。其中李稻葵等（2009）认为，我国劳动者报酬率符合 *U* 型规律的变化趋势，目前处于劳动者报酬率的下降期，并预言未来几年劳动份额在初次分配中的比重会进入上升通道。二，劳动者报酬下降的原因分析，学者们（*Acemoglu*，2000，2002，2007；*Harrison*，2002；*Kessing*，2003；*Jayadev*，2007；赵俊康，2006；白重恩和钱震杰，2009；姜磊和黄川，2008；罗长远和张军，2009；等等）分别从技术进步、市场结构、对外开放程度和政府干预等角度进行研究，但由于设定模型和选用数据的差异，劳动者报酬下降的原因存在很大争议，这方面的研究相对较多，因此可以说这是当前这一研究领域的焦点。其中罗长远和张军（2009）基于中国产业数据和中国省级面板数据认为，产业结构、*FDI*、经济发展水平以及民营化等各种因素是引起我国劳动者报酬率变动的原因。三，劳动者报酬下降的经济效应分析，由于主流经济学对需求忽视，这方面的研究还不多，但是仍然有一部分学者（*Marglin and Bhaduri*，1990；*Hofer and Kunst*，2005；*Ederer and Stockhammer*，2007；*Stockhammer and Ederer*，2008；黄乾和魏下海，2010；等等）仍在积极探索，这些研究几乎都是基于卡莱茨基（1954）的开创性研究进行不断完善。基于后卡莱茨基模型在理论上劳动者报酬的变化是居民消费需求重要的影响因素，但其对经济增长的影响却是个实证问题，本书在后卡莱茨基模型的框架下考察劳动者报酬的变化对居民消费影响，以分析完善初次分配制度扩大居民消费的思路。

一、理论模型

从需求层面看，消费、投资和净出口是拉动经济增长的"三驾马车"，消费需求包括居民消费与政府消费，因此，支出法国内生产总值（GDP）的核算恒等式可以表示为：

$$GDP = RC + GC + I + （EP - M）\tag{5.1}$$

其中，RC 是居民消费，GC 是政府消费，I 是投资，EP 是出口，M 是进口。居民消费是收入的函数，在假定工资性收入的消费倾向远高于利润性收入的消费倾向的条件下，劳动者报酬的上升会导致居民消费的上升，这也符合经典的卡莱茨基模型（Kalecki，1954；等）思想。在新古典的投资模型中投资是产出、利率和其他影响投资变量的函数，产出的增加会诱致投资增长，而劳动者报酬的上升会影响到企业对未来利润的预期，从而导致现期投资的减少，且在资本市场不完全的条件下，"工资侵蚀利润"也可能会对投资支出产生负面影响。假设政府消费仅仅是收入的函数，即劳动者报酬率的变化不会影响政府消费。加入 WTO 以后，外需在我国的总需求中扮演着越来越重要的角色，Bhaduri - Marglin 模型（1990）研究了开放条件下劳动者报酬率对外需的影响，由于（净）出口的上升依赖于单位劳动成本的下降，而单位劳动成本与劳动者报酬率紧密相关，则劳动者报酬上升会对净出口产生消极影响。Stockhammer - Ederer 模型（2007，2008）进一步发展了 Bhaduri - Marglin 模型，将劳动者报酬率这个影响因素纳入到影响经济增长的各个需求因素的方程。他们的分析都是假定国外劳动报酬率为恒量，若本国和国外的劳动报酬保持同一变化趋势，则劳动报酬的变化对外需的影响则可能是中性的。本书分析劳动报酬变化对总需求的影响是在扩内需的背景下进行的，与黄乾和魏下海（2010）的分析思路一致，我们对总需求中的外需部分做了简要处理，出口由国外收入决定，进口由本国收入决定。考虑劳动者报酬率这个影响因素后，基于 Bhaduri - Marglin 模型和 Stockhammer - Ederer 模型，总需求（AD）的核算恒等式则可以表示为：

$$AD = RC（Y，\Omega）+I（Y，\Omega）+NX（Y）+GC（Y）\tag{5.2}$$

这里 Ω 代表劳动者报酬率，与 Bhaduri - Marglin 模型和 Stockhammer - Ederer 模型不同的是，我们把 Ω 这个影响因素只纳入到居民消费和投资方程，并没有考虑 Ω 的变化对外需的影响，而在 Bhaduri - Marglin 模型中消费和投资方程均由收入决定，Ω 只被纳入到净出口（NX）方程。则劳动者报酬的变化引起有效需求的变化可以表示如下：

$$dAD/d\Omega = h_2 / (1 - h_1) \tag{5.3}$$

其中，$h_1 = \partial RC/\partial Y + \partial I/\partial Y + \partial NX/\partial Y + \partial GC/\partial Y$，$h_2 = \partial RC/\partial \Omega + \partial I/\partial \Omega$。$1/(1 - h_1)$ 是乘数概念且严格为正，因此，劳动者变化引起总需求变化的方向取决于 h_2。在前面的假设性分析中由于 $\partial RC/\partial \Omega > 0$，$\partial I/\partial \Omega < 0$，为了判断劳动者报酬变化引起总需求变化的方向在理论上是行不通的，劳动者报酬下降对总需求影响在既有正面又有负面影响的情况下是一个经验问题。为了判断劳动者报酬变化引起总需求变化的方向，我们需要综合分析各需求成分（居民消费和投资）对劳动者报酬变化的反应系数的大小。如果 $dAD/d\Omega > 0$，可以称之为"工资引导性需求"（wage - led demand），提高劳动者报酬有利于扩张总需求；如果 $dAD/d\Omega < 0$，则称之为"利润引导性需求"（profit - led demand），劳动者报酬下降有利于扩张总需求；如果 $dAD/d\Omega$ 等于或非常接近于0，则劳动者报酬率的变化对总需求的影响不大。

二、实证分析及其结果

模型估计采用四个独立方程进行：居民消费、投资、进口和政府消费方程。为了分析扩内需背景下的劳动者报酬的需求效应，在居民消费和投资方程中均含有劳动者报酬变量。其余方程仅分析收入变动对需求的影响，估计收入变动对需求的影响是为了获得乘数（$1/(1 - h_1)$）。由于出口需求是由国外收入决定，因此并没有估计出口需求，将它作为外生变量处理。消费是收入的函数，为了在居民消费方程中包含收入分配的变量，我们采用两种估计策略①：一，将收入水平替代指标的 GDP 划分为劳动者报酬（工资性）收入和利润性收入②，通过估计出工资性收入和利润性收入的边际消费倾向差异可以得到劳动者报酬率变化对居民消费的影响；二，在估计方程中直接包含劳动者报酬率这个变量。

劳动者报酬率（Ω）的数据同图一，以一年期定期存款利率作为利率

---

① 受 Stockhammer - Ederer 模型（2007，2008）启发，使用两种估计策略是为使估计结果更具有可信性。

② 按地区生产总值分配法核算，GDP 包括劳动者报酬、生产税净额、固定资产折旧和营业盈余四项，严格来说，生产税净额有部分的工资性收入，但把它们严格分开目前还没做到，这里为保持工资性收入和利润性收入的总和等于 GDP，我们把除劳动者报酬以外的三项都归为利润性收入。

（R）指标①，其他变量的原始数据皆来源于 1978～2010 年的《中国统计年鉴》。各变量数据皆经过居民消费价格指数（1978 为基年）调整获得实际值。为了避免伪回归，先对样本数据进行单位根检验，经检验（见表 5 - 4）各变量符合 I（1）过程，满足协整检验的前提。

表 5 - 4　各变量的单位根检验

变量	检验类型	1%临界值	5%临界值	10%临界值	ADF 值	单位根
$lnRC$	（C T 1）	-4.32	-3.58	-3.22	-2.98	有
$lnGC$	（C T 6）	-4.42	-3.62	-3.25	-1.18	有
lnI	（C T 1）	-4.32	-3.58	-3.22	-3.56	无
$lnGDP$	（C T 1）	-4.32	-3.58	-3.22	-2.78	有
lnM	（C T 1）	-4.32	-3.58	-3.22	-3.00	有
$ln\Omega$	（C T 0）	-4.31	-3.57	-3.22	-0.96	有
$lnWage$	（C T 3）	-4.36	-3.59	-3.23	-4.32	无
$lnProfit$	（C T 1）	-4.32	-3.58	-3.22	-2.20	有
lnR	（C 0 1）	-3.69	-2.97	-2.62	-1.74	有
$\Delta ln\,RC$	（C 0 0）	-3.69	-2.97	-2.62	-3.91	无
$\Delta ln\,GC$	（C 0 5）	-3.75	-3.00	-2.64	-9.66	无
$\Delta ln\,I$	（C 0 0）	-3.69	-2.97	-2.62	-3.08	无
$\Delta ln\,GDP$	（C 0 0）	-3.69	-2.97	-2.62	-2.94	无
$\Delta ln\,M$	（C 0 0）	-3.69	-2.97	-2.62	-3.72	无
$\Delta ln\,\Omega$	（C 0 0）	-3.69	-2.97	-2.62	-4.33	无
$\Delta ln\,Wage$	（C 0 0）	-3.69	-2.97	-2.62	-4.66	无
$\Delta ln\,Profit$	（C 0 1）	-3.70	-2.98	-2.63	-3.28	无
$\Delta ln\,R$	（C 0 0）	-3.69	-2.97	-2.62	-2.67	无

注：检验类型中依次表示为是否有常数项，趋势项和滞后阶数，0 表示无，其中滞后阶数根据 AIC 和 SZ 准则选取。

运用 Engle - Granger 检验法对各回归方程的残差进行协整检验，检验结果

①　原始数据来源于中国人民银行网站和中国金融年鉴，由于利率有时在一年中变化几次，这里做了加权估计。

（见表 5-5）表明，各方程的解释变量和被解释变量之间存在长期稳定的均衡关系，因此，各方程的 *ECM* 模型估计都是可行的。

表 5-5　协整检验

被解释 变量	解释变量	T 值	10%值	5%值	1%值
$ln\,RC$	$ln\,Wage$, $ln\,Profit$	-2.95			
$ln\,RC$	$ln\,GDP\,ln\,\Omega$	-2.95			
$ln\,I$	$ln\,Wage$, $ln\,Profit$, $ln\,R$	-3.86	-2.62	-2.97	-3.69
$ln\,I$	$ln\,GDP$, $ln\,\Omega$, $ln\,R$	-3.85			
$ln\,GC$	$ln\,GDP$	-3.34			
$ln\,M$	$ln\,GDP$	-2.65			

　　从模型二的估计结果可以看出消费的工资和利润的长期收入弹性分别为 0.83 和 0.11，则（总）收入弹性为 0.94，这与模型一的估计结果是一致的。由于模型估计中变量都采用对数形式，因此，可以将弹性转换成边际影响[1]。基于样本均值的数据，工资收入和利润收入的边际消费倾向分别为 0.76[2] 和 0.09，两者相差 0.67，因此，*GDP* 1% 的利润收入转变为工资收入的收入分配变化会使居民消费支出提高 *GDP* 的 0.67% 水平。利用模型一的弹性（e_Ω）基于样本均值数据估计出劳动者报酬变化对居民消费支出的长期边际影响为 *GDP* 的 0.63% 水平，这和模型二的估计值相差不大。我们的实证结果证实了前文的假设性分析，功能性收入分配的改变显著地影响居民的消费支出。投资方程也采用类似的估计策略，在模型三中，投资的长期工资收入弹性为 0.01，影响并不显著，其长期利润收入弹性为 1.01，这和现实相吻合，即投资的增长并不是由工资性收入决定的，而主要是由利润性收入决定。模型四的估计结果显示投资的产出弹性为 1.02，两种估计结果一致。基于样本均值数据，模型三中劳动者报酬率变化（*GDP* 1% 的利润性收入转变为工资性收入）对投资

---

　　① 转换方式例如：$\partial RC/\partial Y = e_{RCY}RC/Y$。

　　② Stockhammer 和 Ederer（2008）得到的工资收入的边际消费倾向为 0.74，而黄乾和魏下海（2010）一文中工资收入的边际消费倾向为 2.31，我们的实证结果与 Stockhammer 和 Ederer 所得到的结果很接近。

的影响为 GDP 的 -0.74% 水平，模型四的劳动者报酬率变化的边际影响为
GDP 的 -0.64% 水平，两种估计结果也相差不大。模型五和模型六的估计结
果显示进口和政府消费的长期收入弹性分别为1.58 和1.06。

表5-6 各方程 ECM 模型的估计结果

模型	1	2	3	4	5	6
被解释变量　　解释变量	Δln RC	Δln RC	Δln I	Δln I	Δln M	Δln GC
常数项	0.18 (0.00)	0.25 (0.00)	-0.26 (0.05)	-0.77 (0.07)	2.04 (0.00)	-1.51 (0.00)
Δln GDP	0.63 (0.00)			1.38 (0.00)	1.87 (0.00)	1.41 (0.01)
Δln Ω	0.17 (0.20)			-0.82 (0.01)		
Δln Wage		0.39 (0.00)	0.21 (0.29)			
Δln Profit		0.25 (0.00)	1.19 (0.00)			
Δln R			0.05 (0.21)	0.04 (0.30)		
Δln GDP（-1）	0.48 (0.00)			0.40 (0.00)	0.44 (0.00)	0.62 (0.00)
Δln Ω（-1）	0.37 (0.00)			-0.32 (0.00)		
Δln Wage（-1）		0.42 (0.00)	0.00 (0.93)			
Δln Profit（-1）		0.06 (0.00)	0.40 (0.00)			
Δln R（-1）			0.03 (0.01)	0.03 (0.03)		

续表

模型	1	2	3	4	5	6
被解释变量 解释变量	Δln RC	Δln RC	Δln I	Δln I	Δln M	Δln GC
Δln RC（−1）	−0.51 (0.00)	−0.50 (0.00)				
Δln I（−1）			−0.40 (0.03)	−0.39 (0.03)		
Δln M（−1）					−0.28 (0.04)	
Δln GC（−1）						−0.59 (0.00)
AD − R^2 值	0.73	0.74	0.76	0.74	0.32	0.39
D − W 值	1.50	1.50	1.51	1.50	1.51	1.78
e_W		0.83	0.01			
e_R	0.11	1.01				
e_Y	0.94			1.02	1.58	1.06
e_Ω	0.73			−0.81		

注：Δ 表示一阶差分项，（−1）表示滞后一阶项，括号内为 P 值，e_W、e_R、e_Ω 和分别表示各需求成分对工资性收入、利润性收入、总收入和劳动者报酬率变化的弹性。

根据表 5 − 6 报告的各长期弹性数据，我们分别基于样本均值、1978 年、1995 年和 2007 年四个样本点的数据，将各弹性换算成边际影响，结果见表 5 − 7。劳动者报酬率的变化对居民消费的积极影响在 1978 年为 GDP 的 0.72% 水平，到 1995 年下降到 GDP 的 0.64% 水平，近年来虽然有所上升，但上升幅度不大，到 2007 年为 GDP 的 0.65% 水平。对投资的影响，在 1978 年为 GDP 的 − 0.62% 水平，1995 年为 GDP 的 − 0.63% 水平，近年来对投资的消极影响迅速膨胀，到 2007 年为 GDP 的 − 0.86% 水平。因此，1978 年劳动者报酬率的变化对居民消费的积极影响强于对投资的消极影响，综合效应为 GDP 的 0.10% 水平，而到 2007 年，劳动者报酬的上升对投资的消极影响则强于对居民消费的积极影响，综合效应为 GDP 的 − 0.21% 水平，可以说，改革开放以来，我国由"工资引导性"需求转变为"利润引导性"需求。

表5-7 劳动者报酬率变化对我国居民消费和总需求的影响（GDP 的%）

		样本均值	1978 年	1995 年	2007 年
对需求成分的影响	居民消费	0.63	0.72	0.64	0.65
	投资	-0.64	-0.62	-0.63	-0.86
	综合效应 h_2	-0.01	0.10	0.01	-0.21
对均衡需求（产出）的影响	乘数 $1/(1-h_1)$	1.59	1.10	1.45	2.17
	总需求效应	-0.02	0.11	0.01	-0.44

注：我们分别采用模型1和模型4的的估计结果分析劳动者报酬变化对居民消费和投资的影响，若采用模型2和模型3的估计结果进行分析也并不影响我国为利润引导性需求的结论。

进一步为了得到功能性收入分配的变化对均衡需求的总效应，需要对综合效应（h_2）进行乘数调整。从表5-6得知，居民消费、投资和政府消费的长期收入弹性都接近于1，居民消费的长期收入弹性为0.94，投资的长期收入弹性为1.02，政府消费的长期收入弹性为1.06，进口的长期收入弹性为1.58。分别基于样本均值、1978年、1995年和2007年四个样本点的数据，将各需求成分的收入弹性都换算成边际影响，然后根据乘数公式（$1/(1-h_1)$）得到这四个样本点的乘数，样本均值的数据显示乘数值为1.59，从1978年到2007年乘数呈扩大趋势。乘数的扩大虽不能改变劳动者报酬率变化的需求效应方向，但改变了其影响程度。1978年的乘数为1.10，劳动着报酬率上升对总需求的积极影响被稍微放大到 GDP 的0.11%水平，2007年的乘数为2.17，劳动者报酬率上升对总需求的消极影响从 GDP 的 -0.21% 水平被放大到了 GDP 的 -0.44% 水平。总之，在功能性收入分配方面，我国从改革开放初期的工资引导性需求转变为当前的利润引导性需求。1995年以来初次分配领域劳动报酬率的持续下降虽然极大地限制了居民消费需求的扩张，但客观上却推动了我国经济增长。

在扩大内需的背景下通过对劳动者报酬提升的经济效应进行实证研究后可

以得到如下结论：（1）由于工资性收入的消费倾向远大于利润性收入的消费倾向，劳动报酬的提升对扩大居民消费具有显著的积极影响，这有利于增强消费对经济增长的拉动作用，促进经济发展方式转变。（2）由于投资需求的扩张主要是由利润性收入决定，在"粗放型"投资模式下，投资需求的增长很大程度上依赖于低廉的劳动力成本，劳动者报酬的下降对扩大投资具有显著的积极影响。（3）劳动者报酬变化的总需求效应在1995年后已转向利润引导性需求，即劳动者报酬率下降对投资的积极影响大于对居民消费的消极影响，因此，在功能性收入分配方面，1995～2007年间劳动报酬率的持续下降虽然极大地限制了居民消费的扩张但客观上起到了扩大总需求的效果。

综合来看，在完善初次分配制度方面，提升劳动者报酬是扩大居民消费需求进而推进经济发展方式由主要依靠投资和出口驱动向消费、投资和出口协调驱动转变的有力政策杠杆。为有效地扩大居民消费需求进而增强消费对经济增长的拉动力有必要完善初次分配制度，初次分配也应兼顾公平，在初次分配中提升劳动者报酬。但考虑到我国目前的内需体系为"利润引导性"需求，仅仅提升劳动者报酬对经济增长的负面影响是不小的，因此，在劳动者报酬提升的同时应辅助税收财政等再分配政策工具，以优化投资结构和缩小居民收入差距等，通过减弱劳动者报酬提升对投资的负面影响和增强劳动者报酬提升对消费的积极影响进而促进我国经济的又好又快发展。

第三节　再分配对居民消费的影响

在再分配方面，根据前人的研究思路，本书也使用居民收入差距这个指标刻画再分配政策调整对居民消费的影响，目前对我国居民收入差距的经验研究主要集中在如下的几个方面。一，居民收入差距的测度研究，基尼系数尽管存在许多缺陷，但仍是国际上衡量居民收入差距的一个通用指标，由于我国二元经济结构的特征，利用城乡分离的调查数据来测度我国的全体居民收入的基尼系数，这在当前还是一个有争论的话题。学者们通过建立了城乡混合基尼系数的新算法，提出了各种度量城乡差距的新指标（李实，2002；胡祖光，2004；董静等，2004；程永宏，2007；洪兴建，2008；王祖祥等，2009；等）。虽然全体居民收入差距所度量的指标存在差异，但研究结论却是一致的，即我国经济经济发展过程中居民收入差距呈现不断扩大的趋势。二，居民收入差距与经济增长关系的实证分析。这方面的研究主要集中在研究居民收入差距与经济增长之间的因果关系。研究（周文兴，2003；刘霖等，2005；等）表明收入差距与经济增长之间存在存在双向因果关系，即一方面经济增长推动了收入分配差距的扩大，另一方面收入分配差距的扩大对经济增长也有一定的促进作用。但许多学者却持不同看法，我国收入分配差距和转型期收入分配的不平等紧密相关（卫兴华等，2008），从公平角度，转型期中国收入分配不公破坏了社会激励机制，影响资本积累，扭曲了需求结构，使产业结构升级受阻，进而出现结构性经济过剩，不利于经济增长（聂国卿等，2004）。三，实证研究居民收入差距对居民消费增长的影响。从居民收入差距角度研究消费问题实际上就是借助消费需求间接地研究收入分配对经济增长的影响。大量的实证研究（杨天宇，2001，2009；罗良文，2003；吴晓明等，2007；程磊，2011；等）认为我国居民收入差距的扩大特别是城乡收入差距的扩大是导致消费需求相对不足的重要原因。在再分配经济效应方面，从因果关系检验的实证研究支持收入分配差距的扩大有利于经济增长，基于消费角度的实证研究认为收入差距的扩大限制了居民消费的扩张，进而不利于经济增长，研究结论似乎存在冲突①。基于前人的研究成果本书以居民收入差距的指标系统地考察我国再分配的政策调整对居民消费的影响，进而提出完善收入再分配制度的思路。

一、理论模型

凯恩斯绝对收入假说是后凯恩斯主义学派关于收入分配与有效需求理论的基本理论前提，绝对收入假说认为代表性消费者消费函数为：$C = a + bY_d$，C 为消费需求，a 为自主性消费，b 为边际消费倾向，Y_d 为可支配收入，由于边际消费倾向存在递减规律，b 是递减的。对消费函数两边同除以 Y 后：$C/Y_d = a/Y_d + b = APC$。由于 a 为常数，则边际消费倾向递减导致平均消费倾向（APC）递减，收入越高，APC 越低。因此，有些文献简单地据此认为，收入差距的缩小，收入由低 APC 的高收入阶层向高的低收入阶层转移，导致了社会的 APC 的上升，从而扩大消费需求。情况真是这样吗？

基于卡莱茨基（1971）和温特劳布（1983）的模型根据杨天宇（2009）

---

① 在本章第二节部分从要素分配的角度分析了收入分配的经济效应，其结论也是过去劳动者报酬率的下降客观上推动了经济增长，但却极大地限制了居民消费的扩张，这与从规模分配角度的前人研究结论的冲突相吻合。

的分析思路，我们假设存在三个收入阶层（群体），各自的消费函数为：

高收入阶层：$C_h = a_h + b_h Y_h$　　　　　　　　　　　　　　　　（5.4）

中收入阶层：$C_m = a_m + b_m Y_m$　　　　　　　　　　　　　　　（5.5）

低收入阶层：$C_l = a_l + b_l Y_l$　　　　　　　　　　　　　　　　（5.6）

高、中、低收入阶层都有自己各自的自发性消费需求 a_h、a_m 和 a_l，收入越高，自发性消费需求越大，即 $a_h > a_m > a_l$，在边际消费倾向递减规律下，$b_h < b_m < b_l$，社会加总消费函数为：

$$C = C_h + C_m + C_l = a_h + a_m + a_l + b_h Y_h + b_m Y_m + b_l Y_l \quad (5.7)$$

下面考查缩小居民收入差距的收入再分配调整的消费效应，为分析简单，假设收入再分配调整持续到了一种极端的情形，即社会完全均等，在总收入一定的条件下，则社会加总消费函数变为：

$$C' = a_h + a_m + a_l + b_m (Y_h + Y_m + Y_l) \quad (5.8)$$

总消费的变化为：

$$\Delta C = C - C' = b_h Y_h + b_m Y_m + b_l Y_l - b_m (Y_h + Y_m + Y_l) b_h Y_h = b_h Y_h + b_l Y_l - b_m (Y_h + Y_l) \quad (5.9)$$

由于 $b_h < b_m < b_l$，则必定存在 θ[①]（$0 < \theta < 1$）使得 $b_m = \theta b_h + (1 - \theta) b_l$。根据式（5.9），则：

$$\Delta C = (1 - \theta) Y_h - \theta Y_l \quad (5.10)$$

要使缩小居民收入差距的再分配政策调整起到扩大消费需求的效果，则 $\Delta C > 0$，即：

$$\frac{\theta}{1 - \theta} < \frac{Y_h}{Y_l} \quad (5.11)$$

因此，在边际消费倾向递减规律作用下，当 $\frac{\theta}{1 - \theta} < \frac{Y_h}{Y_l}$，缩小居民收入差距的再分配政策调整有利于扩张消费需求；如果 $\frac{\theta}{1 - \theta} < \frac{Y_h}{Y_l}$，缩小居民收入差距的再分配政策调整并不利于扩张消费需求；如果 $\frac{\theta}{1 - \theta}$ 等于或非常接近于 $\frac{Y_h}{Y_l}$，则缩小居民收入差距的再分配政策调整对消费需求的影响并不大。对于 $\frac{Y_h}{Y_l}$ 值，

---

① 杨天宇（2009）称之为"收入分配效应系数"。

利用宏观的经济数据我们很容易测得，但值却是无法确定的，因此无法知道 $\dfrac{\theta}{1-\theta}$ 是等于、小于还是大于 $\dfrac{Y_h}{Y_l}$。

事实上，在缩小居民收入差距的再分配政策调整过程中，即使代表性消费者的边际消费递减规律在社会群体间也显著存在[1]，低收入阶层获得了从高收入阶层的一部分收入，边际消费倾向递减可能导致了其 APC 的下降，但高收入阶层由于其收入减少，边际消费倾向将上升，这将可能使其 APC 的上升。在一升一降的情况下，缩小居民收入差距的再分配政策调整对社会消费倾向的影响在理论上可能也是不确定的[2]，从实证上进行分析是一个比较另人信服的研究方法。

二、实证分析及其结果

基于规模分配这里用基尼系数（Gini）表示居民收入差距以刻画收入再分配的政策调整，用平均消费倾向（APC）作为消费需求的指标，根据前文的理论分析计量模型设定如下：

$$APC_t = \alpha + \beta Gini_t + \sum_{i=1}^{k} \gamma_i X_{i,t} + \mu_t \tag{5.12}$$

γ_i 为控制变量 $X_{i,t}$ 的系数。对于控制变量的选取问题，考虑到收入水平是影响居民消费的重要因素，我们控制这个变量，以人均实际收入增长率（RI）作为衡量收入的指标；考虑到消费的"棘轮效应"，我们也控制被解释变量的一阶滞后项（$APC_{(t-1)}$）。由于中国宏观数据是城乡分离的数据，单纯用城镇和农村分离数据并没有考察城乡收入差距变化的影响，因此，这里使用城镇、农村和全国三套样本数据。全国的样本数据是根据城乡样本数据加权而得，考虑到到中国收入差距很大程度是由于城乡收入差距扩大造成的，对于全国的样本数据我们除了用基尼系数作为收入差距的指标外，还特别考虑了城乡收入差距，即城镇居民人均实际可支配收入与农村居民人均实际纯收入的比值（BI）这个指标。基尼系数的数据同图 5-2 和图 5-3，其余变量的原始数据来源于历年的《中国统计年鉴》，对于缺失的极个别数据我们用插值法补齐，各变量

---

[1] 杨天宇（2009）认为我国居民收入与边际消费倾向是"倒 U"关系。

[2] 根据杜森贝利的相对收入假说，消费者的消费行为会受到周围消费者消费行为的影响，高收入消费者的消费方式会影响低收入消费者的消费观念，改变其消费习惯，从而提高社会消费倾向，一定程度上的收入差距还是有利于扩大消费需求的。

数据皆经过相应的居民消费价格指数①（1978 为基年）调整。单位根检验结果（见表5－8）表明各变量符合 *I*（1）过程，协整检验结果（见表5－9）表明各方程的解释变量与被解释变量之间存在长期稳定的均衡关系。

表5－8　各变量单位根检验

变量	样本类型	检验类型	1%临界值	5%临界值	10%临界值	*ADF* 值	单位根
Gini	城镇	（*C T* 0）	－4.2846	－3.5629	－3.2153	－2.1354	有
	农村	（*C T* 0）	－4.2846	－3.5629	－3.2153	－2.9090	有
	全国	（*C T* 2）	－4.3098	－3.5742	－3.2217	－4.7068	无
RI	城镇	（*C T* 0）	－4.2967	－3.5684	－3.2184	－5.3680	无
	农村	（*C T* 0）	－4.2967	－3.5684	－3.2184	－3.1534	有
	全国	（*C T* 0）	－4.2967	－3.5684	－3.2184	－3.8794	无
APC	城镇	（*C T* 3）	－4.3240	－3.5806	－3.2253	－2.2903	有
	农村	（*C T* 0）	－4.2846	－3.5629	－3.2153	－1.6689	有
	全国	（*C T* 0）	－4.2846	－3.5629	－3.2153	－2.1734	有
BI	全国	（*C T* 1）	－4.2967	－3.5684	－3.2184	－3.3007	无
ΔGini	城镇	（*C* 0 0）	－3.6702	－2.9640	－2.6210	－4.5542	无
	农村	（*C* 0 0）	－3.6702	－2.9640	－2.6210	－7.4470	无
	全国	（*C* 0 0）	－3.6702	－2.9640	－2.6210	－4.0238	无
ΔRI	城镇	（*C* 0 0）	－3.6793	－2.9678	－2.6230	－8.4023	无
	农村	（*C* 0 0）	－3.6793	－2.9678	－2.6230	－8.4638	无
	全国	（*C* 0 0）	－3.6793	－2.9678	－2.6230	－9.1074	无
ΔAPC	城镇	（*C* 0 2）	－3.6892	－2.9719	－2.6251	－3.3642	无
	农村	（*C* 0 0）	－3.6702	－2.9640	－2.6210	－4.6200	无
	全国	（*C* 0 0）	－3.6702	－2.9640	－2.6210	－6.0666	无
ΔBI	全国	（*C* 0 0）	－3.6702	－2.9640	－2.6210	－3.1243	无

注：表示一阶差分项，检验类型中依次表示为是否有常数项，趋势项和滞后阶数，0 表示无，其中滞后阶数选取最大滞后阶数10根据 *SZ* 准则自动选取。

① 由于《中国统计年鉴》农村居民消费价格指数直到 1985 年才有统计，我们用城镇居民消费价格指数将农村居民消费价格指数补齐。

表 5 - 9　协整检验

被解释变量	解释变量	样本	T 值	10% 值	5% 值	1% 值
APC$_t$	APC$_{(t-1)}$，RI$_t$，Gini$_t$	城镇	- 6. 8696	- 2. 6210	- 2. 9640	- 3. 6702
		农村	- 3. 8277			
		全国	- 5. 2093			
	APC$_{t-1}$，RI$_t$，BI$_t$	全国	- 5. 2774			

使用城镇、农村和全国三套数据，各模型的检验值都较为理想，拟合优度较高。回归结果见下表（表 5 - 10）

表 5 - 10　再分配调整对居民消费影响的回归结果

模型类型	全国	城镇	农村	全国
	模型一	模型二	模型三	模型四
常数项	0. 4935 ** (0. 0239)	0. 3480 ** (0. 0317)	0. 6838 * (0. 0040)	0. 6006 ** (0. 0154)
Gini$_t$	- 0. 2253 *** (0. 0895)	- 0. 2489 ** (0. 0489)	0. 0995 (0. 6872)	
APC$_{(t-1)}$	- 0. 2976 * (0. 0021)	- 0. 2842 ** (0. 0156)	- 0. 2212 * (0. 0050)	- 0. 2754 * (0. 0033)
APC$_{t-1}$①	0. 5154 ** (0. 0199)	0. 6643 * (0. 0002)	0. 1108 (0. 6334)	0. 4047 *** (0. 0944)
BI$_t$				- 0. 0435 *** (0. 0886)
AR（1）	0. 7147 * (0. 0018)		1. 2875 * (0. 0000)	0. 8199 * (0. 0005)
AR（2）	- 0. 3559 (0. 1024)		- 0. 4740 ** (0. 0185)	- 0. 3253 (0. 1225)
AD - R^2 值	0. 8759	0. 8834	0. 8326 *	0. 8790
D - W 值	2. 0436	1. 6504	1. 5786	1. 9387

注：括号内的数值为 t 统计量，*表示通过 1% 的显著性水平检验，**表示通过 5% 的显著性

① 由于回归方程中包含被解释变量的滞后项，我们用工具变量法消除它与随机项的相关关系，以克服回归结果的有偏性问题，选取的工具变量：APC$_{(t-1)}$ = APC$_{(t-2)}$ 的拟合值。

水平检验，*** 表示通过 10% 的显著性水平检验，未带* 表示未通过 10% 的显著性水平检验。

从人均收入增长率这个变量来看，无论城镇、农村还是全国样本的各个模型都表明收入增长率的上升是下降的重要影响因素，我们的实证结果从另一个角度证明了消费是收入的函数，这说明凯恩斯的绝对收入假说对我国居民消费问题还是存在一定的解释能力。从系数的大小来看，农村居民收入的上升对其下降的影响程度显著小于城市居民，因此，通过提高收入水平扩大居民消费的政策选择上偏重于提升农村居民的收入水平比偏重于提升城镇居民的收入水平的政策效果会更好。

在收入分配差距方面，从全国样本模型一可以看出，居民收入差距的扩大对社会消费倾向有着显著的影响，基尼系数上升一个百分点，则社会消费倾向将下降 0.2253 百分点。因此，从全国的层面上看，缩小居民收入差距有利于提升消费倾向，进而扩大居民消费，这个的实证结论与前人的研究结果相吻合。

全国基尼系数演变可以看成是农村基尼系数、城镇基尼系数和城乡收入差距三者共同作用的结果。从城镇样本上看，居民收入差距是影响居民消费不可忽视的因素，跟全国和农村样本相比，其对的影响系数最大，因此在缩小收入分配差距提升居民消费需求的政策选择上降低城镇内部居民收入差距是一项非常有效的措施。而在农村内部，居民收入差距的扩大对农村居民消费需求的影响并不显著，与张东辉等（2006）的研究结果相符合。这也说明通过缩小农村居民内部收入分配差距提升农村居民消费需求的政策效果将不是很理想。再加上农村居民收入水平的上升对其下降的影响程度显著小于城市居民，因此，通过加快推进农村市场化进程等政策措施推动农村经济发展对农村居民消费需求增长的负面影响相对会较少。进一步从城乡收入差距上看，虽然城乡收入差距对的影响系数不怎么大，城乡收入差距缩小一个百分点，社会消费倾向则下降 0.0435 百分点，但缩小城乡收入差距的政策措施显然会通过影响社会消费倾向带来居民消费的增长。

收入再分配通过作用于社会消费倾向是影响居民消费不可忽视的因素，我国居民的收入分配差距的扩大制约了我国居民消费需求的增长。在收入差距的内部，尽管农村居民收入分配差距对农村居民消费需求的影响并不显著，但城镇居民收入分配差距对其消费需求有着显著的负面影响，城镇居民收入分配差距的扩大是导致城镇居民消费倾向不断下降、消费需求增长乏力的重要原因。

此外城乡收入差距也是影响居民消费的影响因素，我国城乡城乡收入差距的持续扩大显著地影响了居民消费需求的扩张。

综合来看，在完善收入再分配制度方面，提升我国居民消费需求的政策选择上除了要注重降低城乡收入差距外更应注重降低城镇内部居民收入差距。需要通过各种再分配的政策措施以达到抑制我国收入差距扩大的趋势，例如通过加大转移支付力度和完善社会保障体系等缩小城镇内部居民收入差距和城乡居民收入差距，以扩大居民消费，使消费需求成为经济增长重要的驱动力，从而推动我国经济的可持续健康发展和保证经济发展成果的全民共享。

第四节　本章小结及相应建议

收入分配制度的完善是我国经济增长系统中发挥消费对经济增长驱动作用的重要举措，当前的收入分配不合理（劳动者报酬率过低和居民收入差距的持续扩大，等等）极大地制约了我国居民消费的增长，客观上也催生了调整收入分配推动经济持续健康发展的"倒逼机制"。我们实证结果也表明：在初次分配方面，由于工资性收入的消费倾向远大于利润性收入的消费倾向，劳动报酬率的提升对扩大居民消费具有显著的积极影响，有利于增强消费对经济增长的拉动作用，然而，我国内需体系从改革开放初期的"工资领导型"需求转变为当前的"利润领导型"需求，在其他条件（结构）不变的情况下仅仅在初次分配领域提升劳动者报酬对投资的负面影响将大于其对居民消费的积极影响，单纯地提升劳动者报酬虽然有利于扩大居民消费，但并不利于扩大内需，对宏观经济的负面影响较大；在再分配方面，居民收入差距的扩大显著地制约了居民消费需求的增长，虽然在农村内部，缩小居民收入差距的收入再分配的政策调整对扩大农村居民消费并不显著，但在城镇内部，缩小居民收入差距的收入再分配的政策调整对扩大城镇居民消费有着显著的影响，考虑我国特殊的城乡差距因素后，缩小城乡居民收入差距的收入再分配的政策调整对我国居民消费需求的扩张也有着显著的积极作用。因此全国层面的居民收入差距扩大对居民消费需求制约作用主要表现为城镇内部居民收入差距和城乡收入差距扩大对居民消费的制约。

在初次分配方面，1995 年以来我国劳动报酬率的持续下降通过导致城乡居民消费能力不足（刘社建和李振明，2010）等显著地限制了居民消费需求的扩张，1995 年的居民消费率为44.9%，到2009 年下降到35.1%，经济增长也因此表现为投资和出口驱动。过去劳动报酬率的下降虽然客观上促进了经济增长，但并不利于提升经济增长的质量：（1）劳动者报酬的持续下降抑制了广大劳动者的收入水平的提高，而广大劳动者的收入水平增长缓慢也制约其人力资本的提升，同时它也意味着企业长期依附于低成本的人力资源，此种情况下企业往往缺乏创新精神，缺乏向高附加值行业升级的内在动力；（2）居民消费结构中各类商品和服务的收入弹性存在差异，提高居民收入水平必然导致其消费需求呈现更强的多样性，消费结构不断升级，"恩格尔定律"与"配第－克拉克法则"之间的内在联系会使消费结构升级过程中产业结构也随之不断优化升级，劳动者报酬持续下降导致广大居民收入水平增长相对缓慢，这使得居民消费结构升级相对缓慢，致使产业结构优化升级的外在推力不足。（3）"贫困化的贸易增长"理论认为：一个国家的出口如果是建立在低廉的劳动力成本基础上，则出口越多，得到的收益反而越少，其在全球化竞争中所处的位置越不利。劳动者报酬的持续下降表明我国企业在国际竞争中主要依附于低廉的劳动力成本，其对国际竞争力提升的消极影响也是明显的。考虑到初次分配领域提高劳动者报酬显然有利于扩大居民消费、增强消费对经济增长的驱动力，但其对总需求却有负面影响，因此在逐步提升劳动者报酬的同时积极推进再分配的调整，应积极通过财税等政策杠杆逐渐缩小居民收入差距，促进居民消费结构升级和进一步扩大居民消费需求，以减少其负面影响。

市场经济通过竞争配置资源，提高了经济效率，推动了经济的发展。然而，市场存在失灵的一面，市场导向的收入分配并不能有效解决贫富差距问题，这就决定了政府在再分配中的主体作用，注重"公平原则"通过税收和财政等政策杠杆对社会成员的财富进行"再分配"，以缩小收入差距，使社会成员共享经济发展的成果。再分配调整是启动居民消费需求的一项重要措施，收入再分配通过作用于社会消费倾向影响居民消费。改革开放以来我国基尼系数在持续扩大，我国基尼系数早已超过了世界的"警戒线"且居高不下，收入差距的持续扩大显著地制约了居民消费需求的扩张。在居民收入差距内部农村基尼系数、城镇基尼系数和城乡收入差距也都在持续扩大，尽管农村居民收入分配差距的扩大对农村居民消费需求的影响并不显著，但城镇居民收入差距和城乡收入差距的持续扩大显著地限制了居民消费需求的增长。从扩大居民消费的视角，完善收入再分配制度的政策调整应注重缩小城镇居民内部的收入差距和缩小城乡收入差距，以发挥收入再分配的消费效应。

此外，为更有效地发挥初次分配领域劳动者报酬提升的需求效应，还应从结构视角不断推进投资结构优化，通过减弱劳动者报酬提升对投资的负面影响进而促进我国经济的平稳较快发展。投资结构优化关键在于政府职能的转型，应继续弱化政府经济职能，使之转向"服务型"政府，并改善其服务质量，通过制定合理科学的投资政策和不断优化投资环境等，给社会投资者以良好的预期，促进社会投资的增长，使投资主体结构不断优化。在投资方向上，对社会投资而言，政府应放宽市场准入制度，通过财政和税收等手段，鼓励和引导社会资本进入服务业特别是现代服务业，鼓励技术创新，为产业结构的优化升级创造良好的外部环境；在政府投资方面，在城市化过程中除加强基础设施外，财政应注重向民生领域倾斜，加大对教育、医疗、社保等公共领域的投资，减少居民负担和使居民形成对未来的良好预期，大力推进公共支出均衡化战略。

总之，完善收入分配制度是扩大居民消费加快推进经济发展方式转变和保证国民共享经济发展成果的有效措施，当前不仅需要从再分配角度也需要从初次分配角度调整不合理的收入分配关系，通过收入分配制度的持续完善加快形成消费、投资、出口协调拉动经济增长的新局面，从而使持续保持经济又好又快发展和居民共享经济发展成果在我国尽可能达到和谐统一。

第六章

居民消费的制约因素：公共支出视角

1998 年以来我国持续实施了积极的财政政策，然而扩大居民消费的效果并不很理想，扩大居民消费比扩大投资复杂得多。充分发挥消费对经济的拉动作用不仅要在国民收入分配格局中提高"两个比重"，解决居民收入增长相对缓慢和缩小居民收入差距的问题，还必须降低居民的预防性储蓄动机，改善消费环境等，如切实解决居民的就业、住房、教育、医疗卫生和社会保障等方面的问题，让所有人都拥有基本的生活、教育、住房和医疗保障，从而消除居民"有钱不敢花"的后顾之忧，营造一种"有钱快乐花"的消费环境，这些也正是政府公共支出转型过程中政策调整有所作为的方面。

本章结构安排如下：第一部分是对我国公共支出的状况进行统计描述；第二部分在二元经济结构下基于支出结构视角实证检验我国公共支出对居民消费的作用机理；第三部分基于支出结构视角实证检验我国公共支农支出的消费效应；最后是本章内容的小结，公共支出转型滞后制约其消费效应的充分发挥，应加快推进公共支出转型。

第一节　我国公共支出的现状和特征

一、公共支出总量持续增长，其占的比重呈 U 型走势

改革开放以来随着我国经济的持续高速增长，公共支出总量呈持续增长的趋势（见图 6 – 1），从 1978 年的 1，122.09 亿元增长到 2008 年的 62，592.66 亿元，扩大了 50 多倍。

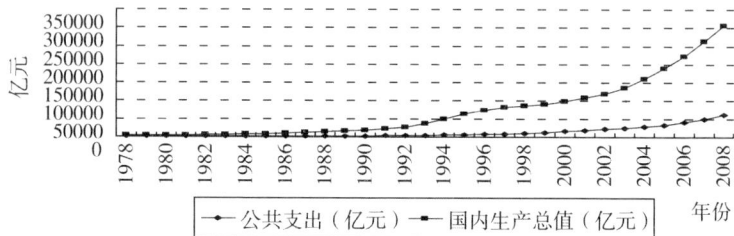

图 6-1 公共支出和国内生产总值（亿元）

就公共支出占支出法的比重来看（见图 6-2），1978~1996 年间这一比重呈逐年下降，由 1978 年的 31.1% 下降到 1996 年的最低水平 10.7%，之后这一比重开始开始上升，1998 年的积极财政政策实施后，公共支出快速增长，至 2008 年公共支出占 GDP 的比重恢复到 20.4%，我国公共支出占支出法的比重呈 U 型走势，但当前的比重还远低于改革开放初期的水平。

公共支出占GDP的比重(%)

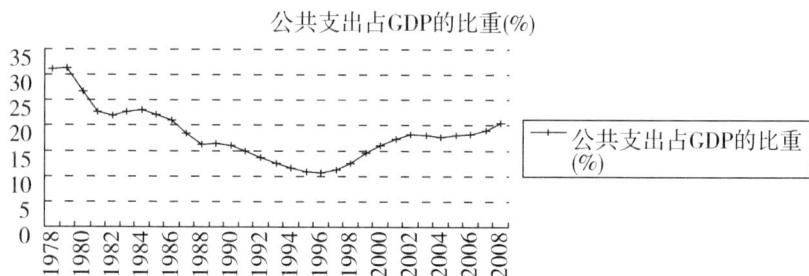

图 6-2 公共支出占的比重（%）

二、各项公共支出非均衡性增长，公共支出逐渐转型

依据功能性质的分类，我国公共支出被分为经济建设费、社会文教费、国防费、行政管理费和其他支出五大类。从公共支出的结构上看，各项支出总额随经济增长也呈持续增长的趋势：经济建设费、社会文教费、国防费、行政管理费和其他支出分别从 1978 年的 718.98 亿元、146.96 亿元、167.84 亿元、52.9 亿元和 35.41 亿元增长到 2006 年的 10，734.63 亿元、10，846.2 亿元、2，979.38 亿元、7，571.05 亿元和 8，291.47 亿元，分别增长了约 14 倍、73 倍、17 倍、142 倍和 233 倍。因此，虽然各项支出总额也呈持续增长的趋势，但各项支出的增长是不平衡的。

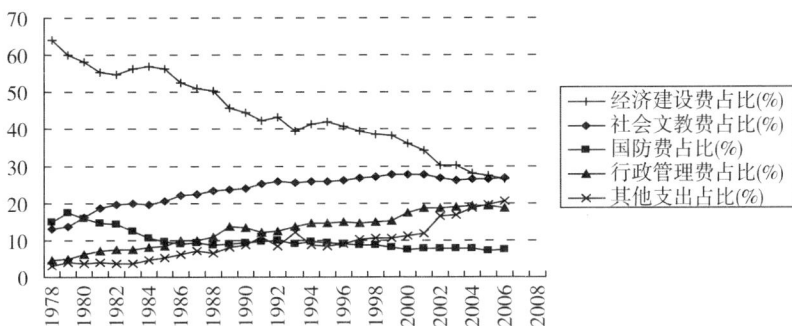

图 6 - 3 　各项支出占公共支出的比重（%）

注：由于 2007 年 1 月 1 日开始实施政府收支分类改革，之后的公共支出结构和之前的数据不可比，因此，公共支出结构方面的数据只到 2006 年。

从各项支出所占公共支出的比重上看（见图 6 - 3），经济建设费比重呈持递减态势，从 1978 年的 64.1% 减少到 2006 年的 26.6%，进入 21 世纪后，国防费所占比重基本稳定在 7.5% 左右。与此同时，社会文教费、行政管理费和其他支出所占比重一直处于递增态势，其中行政管理费和其他支出所占比重增长幅度较大，分别从 1978 年的 4.7%、3.2% 增长到 2006 年的 18.7%、20.5%，分别增长了 3.0 倍和 5.5 倍，社会文教费 1980 年成为第二大比重的公共支出项目，2006 年超过经济建设费所占比重跃升为第一大比重的公共支出项目，占总公共支出的 26.8%。经济建设费所占比重的下降，社会文教费等公共支出项目所占比重的上升，反映出我国政府职能由经济建设型政府逐渐向"注重民生型"和"公共服务型"政府转型。

三、公共支出支农力度下滑，其内部结构并未发生根本性变化

由于我国经济的持续高速增长，公共支出规模一直呈持续扩大趋势，其中的公共支农支出规模也不断膨胀：1978 年的公共支农支出仅为 150.66 亿元，到 2008 年，公共支农支出已经高达 4，544.01 亿元。但从公共支农的力度上看，公共支农支出占公共支出的比重并不高也未呈上升趋势，相反却呈现出波动中下滑态势（见图 6 - 4）：1978～1980 年公共支农支出所占比重分别为 13.43%、13.60% 和 12.20%，1981～1999 年公共支农支出所占比重几乎处在

8%～11%区间波动，进入21世纪后，该项支出占比下降到在7%～8%区间波动，2008年公共支农支出占公共支出的比重为7.26%，30年间约下降了46%，这一定程度上反映了长期以来财政资源配置的非农偏好特征。

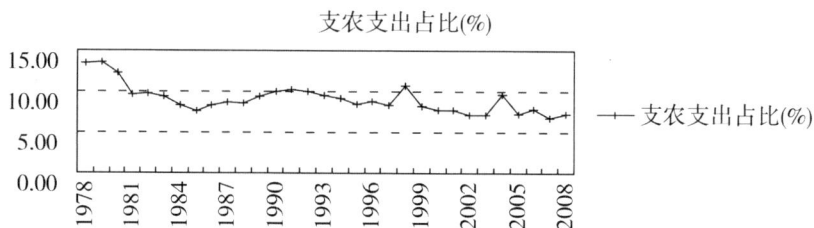

图6-4 公共支农支出占公共支出的比重（%）

注：原始数据皆来源于《新中国55年统计资料汇编》和《中国统计年鉴》（2006～2009），由于2007年1月1日开始实施政府收支分类改革，之后的公共支出结构和之前的数据不可比，2006年后的公共支农支出用农林水事务支出替代，数据上也基本都保持了连贯性。

我国公共支农支出主要包括支援农村生产支出和农林气象等部门的事业费、农林基本建设支出、农业科技3项费用和农业救济费等四个部分。从公共支农支出内部结构上看，各项公共支农支出规模不断扩大：支援农村生产支出和农林气象等部门的事业费、农林基本建设支出、农业科技3项费用和农业救济费分别从1978年的76.95亿元、51.14亿元、1.06亿元和6.88亿元增长到2006年的2，161.35亿元、504.28亿元、21.42亿元和182.04亿元，分别增长了约29倍、9倍、19倍和25倍。从各项支农支出占支农支出的比重上看（见图6-5），支援农村生产支出和农林气象等部门的事业费是第一大公共支农支出项目，改革开放以来其比重的均值约为67.13%；农林基本建设支出所占比重的均值约为25.23%，为第二大公共支农支出项目；而农业科技3项费用和农业救济费用所占比例均较小，两者之和都不到10%，其农业科技3项费用占比最低，其比重持续低于1%。

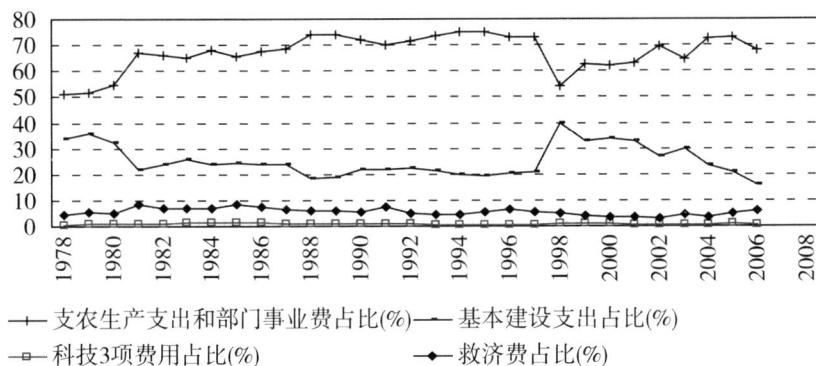

图 6-5　各项支农支出占公共支农支出的比重（％）

注：由于 2007 年 1 月 1 日开始实施政府收支分类改革，之后的公共支出结构和之前的数据不可比，公共支农支出的内部结构数据缺失，因此，公共支农支出结构方面的数据只到 2006 年。

四、公共（支农）支出具有显著的区域性特征

公共（支农）支出是由我国中央财政和地方财政共同分担的，当前，除与国家安全有关的国防等少数公共支出项目主要是中央财政负担外，其余的大部分项目都由地方财政担负主要职责，公共支农支出的大部分资金就是由地方财政担负。因此从地方公共（支农）支出角度分析公共（支农）支出的区域性差异有一定合理性。我国是个地域辽阔的发展中国家，由于地理位置差异和经济发展战略等因素的影响，各地经济发展水平呈现东、中、西部逐级递减的梯队结构，由此我国地方公共（支农）支出可能存在着区域性的差异。

在公共支出区域特征方面，1999 年以来我国东、中、西部地区的公共支出规模都呈不同程度的增长（见表 6-1），这里从地方公共支出占地方比重和地方公共支出的增长率两个指标分析公共支出的区域性的差异。从公共支出占地方比重的指标看，东、中、西部地区 1999～2008 年公共支出占地方的比重都在持续上升，其平均值约分别为 10.60%、12.99% 和 18.65%，西部公共支出占地方的比重高于中部地区，中部公共支出占地方的比重高于东部地区。从公共支出的增长率这个指标看，东、中、西部地区 2000～2008 年公共支出的增长率都不段上升，其平均增长率分别为 19.47%、21.01% 和 23.05%。这些表明经济越发达的地区公共支出增长相对缓慢，公共支出占的比重越低，这符

合公共服务区域均等化的思想。

表6-1　区域公共支出状况（1999～2008年）

年份	地方公共支出规模（亿元）			公共支出占比重（%）			公共支出增长率（%）		
	东部	中部	西部	东部	中部	西部	东部	中部	西部
1999	4634.49	2289.32	2179.42	9.34	10.14	14.19	—	—	—
2000	5286.77	2575.67	2614.88	9.49	10.36	15.70	14.07	12.51	19.98
2001	6529.56	3206.39	3439.19	10.26	12.23	18.36	23.51	24.49	31.52
2002	7526.78	3649.11	4095.46	10.57	12.72	19.77	15.27	13.81	19.08
2003	8798.86	4110.16	4368.68	10.61	12.61	18.44	16.90	12.63	6.67
2004	10460.67	5025.77	5128.94	10.51	12.73	17.93	18.89	22.28	17.40
2005	12768.75	6132.85	6252.71	10.84	13.23	18.62	22.06	22.03	21.91
2006	15013.76	7790.73	7626.84	10.89	14.51	19.30	17.58	27.03	21.98
2007	18714.21	9774.82	9850.26	11.46	15.18	20.58	24.65	25.47	29.15
2008	22891.02	12591.75	13765.73	11.98	16.16	23.63	22.32	28.82	39.75
均值	—	—	—	10.60	12.99	18.65	19.47	21.01	23.05

注：原始数据皆来源于《中国统计年鉴》（2000-2009），东、中、西部的划分，这里采用国家统计局的统计口径，东部地区包括北京、天津、河北、辽宁、上海、江苏、浙江、福建、山东、广东和海南11个省市；中部地区包括山西、吉林、安徽、江西、黑龙江、河南、湖北和湖南8个省；西部地区包括重庆、四川、贵州、云南、西藏、甘肃、青海、宁夏、广西、新疆、陕西、内蒙古12个省区市，下表同。

在公共支农支出区域特征方面，1999年以来我国东、中、西部地区的公共支农支出规模都呈不同程度的增长（见表6-2），这里从公共支出支农力度和公共支农支出规模的增长率两个指标分析公共支农支出的区域性的差异。从公共支农支出规模的增长率这个指标看，东、中、西部地区2000～2008年平均支农规模增长率分别为22.96%、29.22%和29.22%，这表明近年来中西部地区公共支农支出规模的增长都超过东部地区。从公共支出支农力度指标看，东、中、西部地区1999～2008年平均公共支出支农力度分别为5.39%、7.23%和8.30%，这和各自的经济发展水平相吻合，工业化程度和农业在当地经济中相对地位显著地影响地方公共支农支出规模。

表6-2 区域公共支农支出状况（1999～2008年）

年份	公共支农支出规模（亿元）			公共支出支农力度（%）			支农规模增长率（%）		
	东部	中部	西部	东部	中部	西部	东部	中部	西部
1999	254.34	137.71	157.47	5.49	6.02	7.23	-	-	-
2000	279.44	166.99	191.36	5.29	6.48	7.32	9.87	21.26	21.53
2001	321.02	193.23	241.99	4.92	6.03	7.04	14.88	15.71	26.46
2002	386.46	250.30	279.08	5.13	6.86	6.81	20.39	29.53	15.33
2003	424.49	249.23	295.20	4.82	6.06	6.76	9.84	-0.43	5.77
2004	512.62	415.60	468.50	4.90	8.27	9.13	20.76	66.75	58.71
2005	654.91	436.79	553.17	5.13	7.12	8.85	27.76	5.10	18.07
2006	764.57	532.15	670.46	5.09	6.83	8.79	16.74	21.83	21.20
2007	1181.46	883.71	1025.84	6.31	9.04	10.41	54.53	66.06	53.01
2008	1557.79	1211.61	1466.23	6.81	9.62	10.65	31.85	37.10	42.93
均值	-	-	-	5.39	7.23	8.30	22.96	29.22	29.22

第二节　公共支出结构对居民消费的影响

公共支出对居民消费既可能产生挤入效应，也可能产生挤出效应，在公共支出对居民消费影响的在实证检验方面，学术界对公共支出与居民消费的问题研究主要集中在总量分析视角，且研究结论存在较大差异（Karras，1994；Ho，2001；谢建国等，2002；李永友等，2006；等等）。根据功能性的划分，我国公共支出可以划分为经济建设费、社会文教费、国防费、行政管理费和其他支出五大类，各个支出项目对居民的消费行为的影响可能存在差异。我国公共支出在总量持续增长的同时，其内部结构也发生了很大的变化，对公共支出与居民消费之间的关系从总量上进行分析的同时深入到结构层面进行研究是探究公共支出对我国居民消费影响的两个必不可少的部分，且处在转型期的我国存在显著的二元经济结构，对公共支出与居民消费关系的研究也需要考察这方面的影响。因此，本书注重从公共支出结构方面分析公共支出与居民消费之间的关系，且把公共支出和居民消费的关系放在我国特定的二元结构下进行考察。

一、模型的构建

自 Bailey（1971）将政府支出纳入代表性消费者效用函数的开创性研究以来，研究者们都一直关注公共支出与居民消费之间的关系。Barro（1981）拓展了 Bailey 的研究，提出了一个建立在一般均衡基础上的宏观经济模型。Aschauer（1985）进一步拓展了 Barro 的研究，在消费品最优选择框架中把政府支出和居民消费之间关系的研究纳入到了现代消费理论。此后的许多研究（Ho，2001；等）都是在这种分析框架内进行不断的完善。前人的文献几乎是从总量角度理论上分析公共支出对居民消费的影响，忽略了公共支出总量一定条件下其结构的变化对居民消费的影响。

在消费品最优选择框架中本书对前人（Aschauer，1985；Ho，2001；等）的理论模型进行拓展以分析公共支出和居民消费之间的关系。首先假设追求其一生消费效用最大化的代表性居民消费行为为：

$$MaxE_0 \left[\sum_{t=1}^{T} \beta^t U (C_t, G_t) \right]，其约束条件：A_t = (1+r) A_{t-1} + Y_t - C_t - G_t$$

$$(6.1)$$

其中 E_0 为基于 0 期对未来的预期，T 为生命期，C_t 表示 t 期居民私人物品消费，β 为贴现因子，r 为无风险利率（假设不随时间改变），G_t 为公共支出，意味着 t 期居民对政府提供的公共产品消费，A_t 表示 t 期末财富，Y_t 表示 t 期收入水平。构造拉格朗日函数：

$$E_0 \left\{ \sum_{t=1}^{T} \beta^t U (C_t, G_t) + \lambda_t \left[A_t - (1+r) A_{t-1} - Y_t + C_t + G_t \right] \right\} \quad (6.2)$$

λ_t 为拉格朗日乘数，求解最优化一阶条件后得到：

$$\partial U_t / \partial C_t = \partial U_t / \partial G_t = -\lambda_t \quad (6.3)$$

对于 $U (C_t, G_t)$，我们采用非线型有效消费函数，即 $C^* = C_t C_t^\theta$，考虑到公共支出对居民消费的影响存在结构效应，有效消费函数 $C^* = C_t G_t^\theta$ 并不能刻画公共支出内部结构变化对消费的影响，因此，将有效消费函数拓展为 $C^* = C_t G_t^\theta g_t^\alpha$，$g_t$ 用以刻画公共支出内部结构变化（例如，公共支农支出的变动）对农村居民的消费的影响；对于效用函数，我们采用常相对风险厌恶系数（CRRA）形式的效用函数，即 $U (C^*) = \dfrac{C^{*1-\gamma}}{1-\gamma}$，$\gamma > 0$ 且 $\neq 1$。通过式（6.3）

可以解出：

$$\lambda_t = C_t^{1-\gamma} G_t^{\theta(1-\gamma)} g_t^{a(1-\lambda)} \tag{6.4}$$

则 $\lambda_{t+1} = C_{t+1}^{-\gamma} G_{t+1}^{\theta(1-\gamma)} g_{t+1}^{\alpha(1-\gamma)}$ （6.5）

由于 $E_0\left[\ (1+r)\ \beta\lambda_{t+1}\right]$，将式（6.4）和式（6.5）带入后：

$$(1+r)\ \beta C_{t+1}^{-\gamma} G_{t+1}^{\theta(1-\gamma)} = C_t^{-\gamma} G_t^{\theta(1-\gamma)} g_t^{a(1-\gamma)} \tag{6.6}$$

两边取对数，整理后，可得：

$$\ln C_{t+1} - \ln C_t = \frac{\theta\ (1-\gamma)}{\gamma}\ (\ln G_{t+1} - \ln G_t)\ + \frac{a\ (1-\gamma)}{\gamma}\ (\ln g_{t+1} - \ln g_t)\ +$$

$$\frac{\ln\ (\beta+\gamma\beta)}{\gamma} \tag{6.7}$$

通过判断系数 $\frac{\theta\ (1-\gamma)}{\gamma}$ 和 $\frac{\alpha\ (1-\gamma)}{\gamma}$ 的符号和大小，我们则可以知道公共支出和公共支出结构变动对居民消费是否具有挤入（出）效应以及挤入（出）效应的大小。由于 CRRA 形式效用函数 $U\ (C^*)\ = \frac{U^{*1-\gamma}}{1-\gamma}$ 的 γ 大于0且不等于1，系数 $\frac{\theta\ (1-\gamma)}{\gamma}$ 和 $\frac{\alpha\ (1-\gamma)}{\gamma}$ 的符号在理论上并不确定。若系数 $\frac{\theta\ (1-\gamma)}{\gamma}$ 和 $\frac{\alpha\ (1-\gamma)}{\gamma}$ 为正，则公共支出及其内部结构对消费呈挤入效应；若系数为负，则公共支出及其内部结构对消费总体上呈挤出效应；若系数非常接近或等于0，则公共支出及其内部结构对消费总体上无效应。由于反应系数既可能小于0，又可能大于0，也可能等于0，因此，从理论上看，公共支出对居民消费既可能呈挤出效应，又可能呈挤入效应，也可能是无效应。因此，实证研究是判断公共支出及其结构变动对居民消费是否呈挤入效应的依据。

许多学者（如 Ho，2001；等）建议在模型中增加了个人可支配收入这个变量，考虑到公共支出对居民消费的一个重要影响就是收入效应，控制收入这个变量就意味着剔除掉了个人可支配收入中公共支出的收入效应，基于此，本书使用简单的双对数计量模型进行估计：

模型一：$\ln C_t = \alpha + \beta \ln CE_t + \mu_t$ （6.8）

依据功能性质的分类，对公共支出总量进行分解后，模型一则可以拓展为模型二：

$$\ln C_t = \alpha_0 + \alpha_1 \ln EC_t + \alpha_2 \ln CC_t + \alpha_3 \ln DE_t + \alpha_4 \ln GM_t + \alpha_5 \ln OE_t + \varepsilon_t \tag{6.9}$$

模型一估测公共支出总量对居民消费的影响，模型二则表示公共支出结构对居民消费的影响。其中 C 为人均实际消费支出，CE 为人均实际公共支出，EC 为人均实际经济建设费，CC 为实际人均实际社会文教费，DE 为人均实际国防费，GM 为人均实际行政管理费，OE 为人均实际其他支出。

二、数据说明

考虑到我国特定的二元经济结构，公共支出对城乡居民消费的影响可能存在差异，因此除全国样本外我们还分城镇和农村总共三个样本进行检验。由于农村居民消费价格指数直到 1985 年才有统计，考虑到减少几年的数据应该不会改变本书的结论，因此，以 1984 年为基年。原始数据皆来源于 1985～2008 年的《中国统计年鉴》。由于 2007 年 1 月 1 日开始实施政府收支分类改革，之后的财政支出结构和之前的数据不可比，因此，模型二的样本数据为 1984～2006 年。所有变量数据皆经过相应的居民消费价格指数（1984 = 100）调整获得实际值。各变量的统计描述见表 6 - 3。

表 6 - 3　各变量的描述统计

变量	类别	均值	最大值	最小值	标准差
ln$C$	城镇	6.9680	7.7797	6.3269	0.4395
	农村	6.0966	6.7689	5.6124	0.3319
	全国	6.4993	7.3989	5.8276	0.4764
lnGE	全国	5.6134	6.9858	4.9635	0.6565
lnEC	全国	4.5779	5.3371	4.1810	0.3646
lnCC	全国	4.1172	5.3474	3.4601	0.6100
lnDE	全国	3.0598	4.0553	2.5450	0.4584
lnGM	全国	3.5388	4.9879	2.5950	0.6421
lnOE	全国	3.2096	5.0788	2.0395	0.7556

注：C 为人均实际消费支出，CE 人均实际公共支出，EC 为人均实际经济建设费，CC 为实际人均实际社会文教费，DE 为人均实际国防费，GM 为人均实际行政管理费，OE 为人均实际其他支出。

三、单位根检验和协整检验

在回归之前首先对样本数据进行单位根检验。

表6-4 各变量的单位根检验

变量	类别	检验类型	1%临界值	5%临界值	10%临界值	ADF值	单位根
lnC	城镇	（C T 2）	-4.4415	-3.6330	-3.2535	-2.2656	有
	农村	（C T 1）	-4.4167	-3.6219	-3.2474	-1.6567	有
	全国	（C T 2）	-4.4415	-3.6330	-3.2535	-1.6550	有
lnGE	全国	（C T 2）	-4.4415	-3.6330	-3.2535	-2.1872	有
lnEC	全国	（C T 1）	-4.4691	-3.6454	-3.2602	-2.4584	有
lnCC	全国	（C T 2）	-4.5000	-3.6591	-3.2677	-2.0034	有
lnDE	全国	（C T 1）	-4.4691	-3.6454	-3.2602	-1.5079	有
lnGM	全国	（C T 1）	-4.4691	-3.6454	-3.2602	-1.4211	有
lnOE	全国	（C T 0）	-4.4415	-3.6330	-3.2535	-0.9803	有
ΔlnC	城镇	（C 0 0）	-3.7497	-2.9969	-2.6381	-3.5815	无
	农村	（C 0 0）	-3.7497	-2.9969	-2.6381	-2.9384	无
	全国	（C 0 0）	-3.7497	-2.9969	-2.6381	-2.9471	无
ΔlnGE	全国	（C T 1）	-4.4415	-3.6330	-3.2535	-3.5332	无
ΔlnEC	全国	（C T 2）	-4.5348	-3.6746	-3.2762	-3.4202	无
ΔlnCC	全国	（C T 2）	-4.5348	-3.6746	-3.2762	-3.3565	无
ΔlnDE	全国	（C T 1）	-4.5000	-3.6591	-3.2677	-3.4240	无
ΔlnGM	全国	（C T 1）	-4.5000	-3.6591	-3.2677	-4.0277	无
ΔlnOE	全国	（C 0 0）	-3.7856	-3.0114	-2.6457	-5.2147	无

注：C为人均实际消费支出，GE人均实际公共支出，EC为人均实际经济建设费，CC为实际人均实际社会文教费，DE为人均实际国防费，GM为人均实际行政管理费，OE为人均实际其他支出。Δ表示一阶差分后序列。检验类型中依次表示为是否有常数项，趋势项和滞后阶数，其中滞后阶数根据AIC和SZ准则选取。

各变量的单位根检验（检验结果见表6-4）表明各变量数据均为I（1）过程，满足协整检验的前提。运用Engle-Granger检验方法对公共支出与居民消费回归后的残差进行协整关系的检验，结果如下：

表6－5　公共支出与居民消费的协整关系检验

模型	样本	检验类型	1%临界值	5%临界值	10%临界值	ADF值	单位根
模型一	城镇	(0 0 1)	－2.6700	－1.9566	－1.6235	－2.5438	无
	农村	(C 0 1)	－3.7497	－2.9969	－2.6381	－2.9617	无
	全国	(C 0 1)	－3.7497	－2.9969	－2.6381	－2.8229	无
模型二	城镇	(C 0 3)	－3.8304	－3.0294	－2.6552	－4.3721	无
	农村	(C 0 3)	－3.8304	－3.0294	－2.6552	－4.4162	无
	全国	(C 0 3)	－3.8304	－3.0294	－2.6552	－5.1074	无

注：检验类型依次表示为是否有常数项，趋势项和滞后阶数，0表示无，滞后阶数根据 AIC 和 SZ 准则选取。

协整检验结果（见表6－5）表明，我国公共支出及其结构与居民消费之间存在长期稳定的均衡关系。

四、实证结果

表6－6　公共支出总量对居民消费影响的回归结果

样本类型	城镇	农村	全国
常数项	5.2849* (5.5111)	3.6139* (12.0233)	3.3610* (6.2213)
$\ln GE$	0.3766* (3.8201)	0.4468* (8.7384)	0.5729* (6.7333)
AR（1）	0.9304* (17.3252)	1.3251* (7.3621)	1.3077* (6.6041)
AR（2）		－0.5502* (－3.3415)	－0.4474** (－2.3380)
R^2	0.9945	0.9882	0.9957
Ad－R^2	0.9940	0.9864	0.9950
F值	1914.2997	531.4618	1467.1752
D－W值	1.6300	1.8507	1.8281

注：括号内的数值为 t 统计量，*表示通过1%的显著性水平检验，**表示通过5%的显

著性水平检验,***表示通过 10% 的显著性水平检验, 未带 * 表示未通过 10% 的显著性水平检验。下表同。

表 6 - 6 给出了模型一的估计结果, 从三个样本的估计结果可以看出居民消费对公共支出的反应系数显著为正, 表明公共支出不管对城镇居民、农村居民还是全国居民消费都有挤入效应。从长期看, 公共支出增加有助于扩大居民消费, 我们的研究支持了公共支出对居民消费呈挤入效应的观点。

表 6 - 7　公共支出结构对居民消费的影响的回归结果

样本类型	城镇	农村	全国
常数项	4.6083 * (10.9680)	3.8825 * (7.4417)	3.6163 * (7.7118)
$\ln EC$	-0.2395 (-1.0769)	0.1053 (0.3722)	0.0459 (0.1877)
$\ln DE$	-0.2821 (-1.4910)	-0.1526 (-0.6613)	-0.1535 (-0.7820)
$\ln GM$	-0.2193 (-1.6943)	-0.1374 (-0.8945)	-0.1406 (-1.1183)
$\ln CC$	1.2358 * (4.1397)	0.6412 (1.6952)	0.8629 ** (2.6326)
$\ln OE$	-0.0169 (-0.3768)	0.0019 (0.0351)	0.0099 (0.2102)
AR (1)	1.3584 * (7.1063)	1.3612 * (6.6023)	1.4202 * (7.6309)
AR (2)	-0.7050 * (-3.7374)	-0.6496 * (-3.4029)	-0.6672 * (-3.7288)
R^2	0.9940	0.9844	0.9947
$Ad - R^2$	0.9908	0.9759	0.9918
F 值	307.4095	116.8064	347.3643
D - W 值	2.0059	1.9227	1.7439

表 6 - 7 给出了模型二的估计结果, 从全国这个样本的估计结果可以看出,

经济建设费和其他支出对居民消费的影响系数为正，国防费和行政管理费对居民消费的影响系数为负，但经济建设费、国防费、行政管理费和其他支出对居民消费的影响系数不大且影响并不显著，只有社会文教费对居民消费具有显著的挤入效应。这表明，在支出结构上我国支出总量对居民消费的挤入效应主要表现为社会文教费对居民消费的挤入效应。从农村和城镇这两个样本来看，经济建设费、国防费、行政管理费和其他支出对居民消费的影响也不显著，社会文教费对农村和城镇居民消费有挤入效应[①]，但城镇居民消费对社会文教费的反应系数显著大于农村居民，城镇样本中的反应系数为 1.24，农村样本中的反应系数为 0.64，这表明在社会文教方面"相对于公共支出对城市的充分有效投入来说，农村领域投入的不足或投入资金的使用缺乏效率使得农民消费支出对公共支出缺乏敏感性，这也充分反映了长期以来财政资源配置的非农偏好的特征"[②]。

侧重结构视角通过对公共支出的消费效应进行实证研究后，我们得到如下三个主要结论：（1）在公共支出总量方面，居民消费与公共支出之间存在长期稳定的均衡关系，公共支出不管对于全国居民、城镇居民还是农村居民消费都具有挤入效应；（2）在公共支出结构方面，经济建设费、国防费、行政管理费和其他支出对我国居民消费的影响并不显著，只有社会文教方面的支出对居民消费具有显著的挤入效应，我国支出总量对居民消费的挤入效应在支出结构上主要表现为社会文教方面支出增长对居民消费的挤入效应；（3）在社会文教方面的支出对居民消费的挤入效应方面，由于我国公共支出长期非农偏好特征，农村居民受到的关注偏少，社会文教方面支出的增长对扩大农村居民消费需求的效果并不太理想，社会文教方面支出的增长对城镇居民消费的挤入效应显著地强于对农村居民消费的挤入效应。

扩大居民消费最大的潜力在农村，公共支出的非农偏好限制了公共支出对农村居民消费挤入效应的充分发挥，由于在公共支出中公共支农支出与农村居民消费关系最为紧密，下面从公共支出支农角度进一步考查其对农村居民消费的影响。

---

① 表 6-7 中社会文教费增长对扩大农村居民消费的影响不怎么显著，但若剔除掉其他更不显著的变量进行回归后则是显著的。

② 官永彬等．转轨时期政府支出与居民消费关系的实证研究［J］．数量经济技术经济研究，2008（12）：15－25。

第三节　公共支出支农对农村居民消费的影响

增强消费对经济增长的拉动力，最大潜力在农村；保障和改善民生，重点难点都在农民。研究公共支出和农村居民消费的关系对保持我国经济平稳较快发展具有重要的现实意义，在公共支出内部公共支农支出又是与农村居民的关系最为紧密。然而考察公共支出支农力度对我国农村居民消费影响的文献却相对较少。基于农民收入增长和城乡收入差距的视角，沈坤荣和张璟（2007）从总量和结构方面间接地分析了公共支农支出的消费效应，他们认为由于公共支出的管理、运用效率低下，公共支农支出对农民收入增长的促进作用在统计上并不十分显著；在其支出结构上，由于政府重视程度不够和目标偏差，与农业生产直接相关的生产性支出和基本建设支出占比过高，而农业科研和社会福利等方面的支出过低，从而限制了政府增进社会福利功能的发挥。基于消费的跨期替代模型储德银和闫伟（2010）则认为地方政府公共支农支出对农村居民消费具有显著的挤入效应。李晓嘉（2010）基于 1952～2008 年的时序数据，用可变参数状态空间模型进行实证分析也发现公共支农支出总体上对农村居民消费起到了挤入作用，然后基于 1995～2006 年的省际面板数据，用动态模型实证分析发现各分类支出的差异影响政策效应。在公共支农支出对农村居民消费挤入效应的区域特征方面，李燕凌和曾福生（2006）基于布朗——杰克逊扩展模型运用 1994～2003 年的面板数据进行了实证研究，实证结果表明公共支农支出对农民消费支出的影响在东部地区比较明显，而在中部、西部地区并不显著。由于研究视角的各不相同，研究结论也存在着差异，并且这方面的研究也不系统。鉴于此本书进一步系统地检验我国公共支农支出对农村居民消费影响的作用机制。

一、公共支农支出的消费效应：结构视角

基于上一节的理论模型分析我们这里控制了公共支出这个变量使用双对数计量模型进行估计：

模型一：$\ln C_t = \alpha + \beta \ln GE_t + \theta \ln GNE_t + \mu_t$　　　　　　　　（6.10）

在考察公共支农支出结构对农村居民消费影响时，将控制变量改为公共支农支出，模型一则拓展为模型二：

$$\ln C_t = \alpha_0 + \alpha_1 \ln GNE_t + \gamma_k \ln GNE_t^k + \varepsilon_t \qquad (6.11)$$

其中 C 为农村居民人均实际消费支出，GE 为人均实际公共支出，GNE 为农村居民人均实际公共支农支出，GNE^k 为公共支农支出的内部构成，其中 k = 1、2、3 和 4，分别表示为 SYF（人均实际支援农村生产支出和农林气象等部门的事业费）、JJ（实际人均农林基本建设支出）、KJ（人均实际农业科技 3 项费用）和 JF（人均实际农业救济费）。由于农村居民消费价格指数直到 1985 年才有统计，这里用商品零售价格指数衡量通货膨胀，以 1978 年为基年。原始数据皆来源于《中国统计年鉴》和《新中国 55 年统计资料汇编》。由于 2007 年 1 月 1 日开始实施政府收支分类改革，之后的公共支出结构和之前的数据不可比，2006 年前的公共支农支出及其结构方面方面的数据同图 6 – 5，考虑到减少几年的数据并不影响分析结果，因此，模型二的样本数据为 1978 ~ 2006 年。所有变量数据皆经过相应的调整而获得人均实际值。

为避免伪回归，对样本各变量数据进行单位根检验。单位根检验（见表 6 – 8）表明各变量数据均为 I（1）过程，然后运用 Engle – Granger 检验方法对各模型回归后的残差进行协整关系检验，协整检验结果（见表 6 – 9）表明我国公共支农支出及其结构与居民消费之间存在长期稳定的均衡关系。

表 6 – 8　单位根检验

变量	检验类型	1% 临界值	5% 临界值	10% 临界值	ADF 值	单位根
ln$C$	（C T 1）	– 4.3082	– 3.5731	– 3.2203	– 2.6603	有
lnGNC	（C T 1）	– 4.3082	– 3.5731	– 3.2203	– 2.0310	有
lnSYF	（C T 1）	– 4.3382	– 3.5867	– 3.2279	– 0.3570	有
lnGC	（C T 2）	– 4.3226	– 3.5796	– 3.2239	– 0.1295	有
lnJJ	（C T 1）	– 4.3382	– 3.5867	– 3.2279	– 2.9201	有
lnJF	（C T 1）	– 4.3382	– 3.5867	– 3.2279	– 0.5214	有
lnKJ	（C T 1）	– 4.3382	– 3.5867	– 3.2279	– 1.0339	有
Δln$C$	（C 0 0）	– 3.6752	– 2.9665	– 2.6220	– 2.7650	无
ΔlnGNC	（C 0 0）	– 3.6752	– 2.9665	– 2.6220	– 4.2663	无
ΔlnSYF	（C 0 0）	– 3.6959	– 2.9750	– 2.6265	– 4.0672	无
ΔlnGC	（C 0 1）	– 3.6852	– 2.9705	– 2.6242	– 3.2202	无
ΔlnJJ	（C 0 0）	– 3.6959	– 2.9750	– 2.6265	– 5.1509	无
ΔlnJF	（C 0 0）	– 3.6959	– 2.9750	– 2.6265	– 6.3597	无

变量	检验类型	1%临界值	5%临界值	10%临界值	ADF 值	单位根
ΔlnKJ	（C 0 0）	−3.6959	−2.9750	−2.6265	−5.0237	无

注：表示一阶差分项，检验类型中依次表示为是否有常数项，趋势项和滞后阶数，0表示无，其中滞后阶数根据 AIC 和 SZ 准则选取。

表6−9　协整关系检验

被解释 变量	解释变量	检验 类型	1%值	5%值	10%值	ADF 值	单位根
lnC	lnGC，lnGNC	（0 0 1）	−2.65	−1.95	−1.62	−2.18	无
	lnGNC，lnSYF	（0 0 1）	−2.65	−1.95	−1.62	−2.13	无
	lnGNC，lnJJ	（0 0 2）	−2.65	−1.95	−1.62	−1.75	无
	lnGNC，lnJF	（C 0 1）	−3.70	−2.98	−2.63	−4.64	无
	lnGNC，lnKJ	（C 0 1）	−3.70	−2.98	−2.63	−4.80	无

从估计结果（见表6−10）可以看出：（1）在公共支农支出规模方面，农村居民消费对公共支出的反应系数显著为正，这表明公共支出对农村居民消费具有挤入效应，这和前人大多数研究结论吻合，但控制公共支出变量后我们却发现公共支农支出对农村居民消费的影响却不显著，可能的原因之一在于公共支出的管理、运用效率低下，公共支农支出对农民收入增长的促进作用不十分显著（沈坤荣和张璟，2007）。（2）在公共支农支出结构方面，支援农村生产支出和农林气象等部门的事业费、农林基本建设支出以及农业救济费的增长对农村居民消费的影响都不显著，在支农支出结构中唯一具有显著影响的是科技3项费用支出，且系数为正，科技3项费用对农村居民消费具有显著的挤入效应，但从我国支农支出的现状来看，科技3项费用的支出比重过低（不到1%），这极大地限制了公共支农支出的社会福利功能，因此，这也应是公共支农支出对农村居民消费不具有显著挤入效应的一个重要原因。

表 6 - 10　公共支农支出对农村居民消费影响的回归结果（1978 - 2008 年）

模型类型	一	二			
常数项	3.4844* (7.4022)	114.7803 (0.0166)	126.1809 (0.0135)	21.2667 (0.1346)	58.3939 (0.0575)
lnGC	0.4721* (4.9205)				
lnGNE	-0.0197 (-0.3040)	-0.0280 (-0.3660)	-0.0291 (-0.2566)	-0.0420 (-0.7430)	-0.1230 (-1.5651)
lnSYF		-0.0100 (-0.0965)			
lnJJ			-0.0005 (-0.0103)		
lnJF				0.0229 (0.8193)	
lnKJ					0.0788*** (1.7266)
AR（1）	1.2887* (7.8242)	1.4895* (8.6274)	1.5484* (8.8088)	1.5550* (8.7045)	1.2970* (6.6889)
AR（2）	-0.4241* (-3.0224)	-0.4899* (-2.8789)	-0.5487* (-3.2009)	-0.5569* (-3.1832)	-0.2979 (-1.5424)
Ad - R²	0.9931	0.9907	0.9908	0.9911	0.9910
D - W 值	1.4194	1.7717	1.8910	1.9815	1.3302

注：括号内的数值为 t 统计量，*表示通过 1% 的显著性水平检验，**表示通过 5% 的显著性水平检验，***表示通过 10% 的显著性水平检验，未带 * 表示未通过 10% 的显著性水平检验，下表同。

二、公共支农支出消费效应的区域性特征

对公共支农支出消费效应的区域性差异分析本书从规模角度进行，由于公共支农支出大部分由地方政府承担，用地方公共支农支出为研究对象，因此，将模型一进一步拓展为适用于面板数据分析的模型三：

$$\ln C_{it} = \alpha_{it} + \beta_{it} \ln GE_{it} + \theta_{it} \ln GNE_{it} + \mu_{it} \qquad (6.12)$$

样本区间为 1999~2008 年，以居民消费价格指数衡量通胀，基年为 1999 年，各变量皆为人均实际值，原始数据均来于 2000~2009 年各年《中国统计年鉴》、2000~2009 年各年《中国农业年鉴》及《新中国 55 年统计资料汇编》，样本总量为 310。

面板数据模型首先需要确定模型的类型，我们运用协方差分析检验法进行 F 检验（见表 6 - 11）。协方差分析法是检验假设 H_1 和 H_2 是否成立，H_1：混合回归模型；H_2：变截距模型。$F_2 = \dfrac{(S_3 - S_1) / [(N-1)(K+1)]}{S_1 / [NT - N(K+1)]}$，$F_1 = \dfrac{(S_2 - S_1) / [(N-1)K]}{S_1 / [NT - N(K+1)]}$，其中 S_1、S_2 和 S_3 分别为变系数模型、变截距模型和混合回归模型的残差平方和。F_1 和 F_2 服从特定自由度的 F 分布。在某显著性水平（如 5%）下，如果统计量 F_2 大于 F 分布临界值，则拒绝假设 H_1，反之则选用混合回归模型进行分析；当拒绝 H_1 后，如果 F_1 大于某置信水平下特定自由度的 F 的分布临界值，则拒绝 H_2，选用变系数模型进行分析，反之则选用变截距模型进行分析。在显著性水平为 1% 下，查表后我们得出各区域模型的 F_2 值都大于其临界值，而 F_1 值皆小于其临界值[1]，因此模型皆采用变截距模型。变截距模型有两种形式：固定效应模型和随机效应模型，运用 Hausman 检验来确定选择固定效应模型还是随机效应模型。

表 6 - 11　F 检验

样本类型	S_1	S_2	S_3	F_2	F_1	模型类型
东部	0.2066	0.2524	7.1244	85.9492	0.8525	变截距
中部	0.1478	0.2393	2.2387	37.7194	2.4741	变截距
西部	0.5329	0.7644	5.0160	21.4141	1.6588	变截距

Hausman 检验是一种基于随机效应估计量与固定效应估计量两者差异的检验。在不可观测效应和可观测效应的解释变量不相关的原假设下，随机效应估计量是一致的和有效的，而固定效应估计量则非有效。

---

① 注：中部地区 1% 显著性水平的 F_1 的临界值约为 2.43，而其 F_1 值为 2.47，严格来说，中部地区宜用变系数模型，考虑到两者相差无几且中部地区各省份的经济发展水平相当，为分析不过于复杂，这里对中部地区也使用变截距模型分析。

表 6 - 12   Hausman 检验

样本类型	卡方统计量	P 值	模型类型
东部	0.0154	0.9923	随机效应模型
中部	6.1352	0.0465	固定效应模型
西部	25.4436	0.0000	固定效应模型

Hausman 检验结果（见表 6 - 12）表明东部地区样本适用随机效应模型，而中、西部地区的样本适用固定效应模型。确定模型类型后，最终可以估计到如下结果：

表 6 - 13   区域公共支农支出对农村居民消费影响的回归结果（1999~2008 年）

样本类型	东部	中部	西部
常数项	4.7213 * (26.9262)	4.2255 * (22.8601)	4.7361 * (23.9157)
$\ln GE$	0.3664 * (11.3708)	0.4845 * (11.2541)	0.3160 * (7.4178)
$\ln GNE$	0.0787 * (3.9952)	- 0.0225 (- 0.8296)	0.0583 * (2.2583)
Ad - R^2	0.9463	0.9486	0.8887

从估计结果（见表 6 - 13）可以看出，农村居民消费对地方公共支出的反应系数在东、中、西部皆显著为正，这表明地方公共支出对农村居民消费具有挤入效应，这和前面的研究结论还是吻合的。控制地方公共支出变量后我们发现地方公共支农支出对农村居民消费的影响存在着区域性的差异：东、西部的公共支农支出对农村居民具有显著的挤入效应，但中部地区的公共支农支出对农村居民却不存在显著的挤入效应。中部地区的省份几乎都是我国传统的农业大省，其公共支农支出对农村居民的挤入效应不显著，显然影响到全国层面公共支农支出对农村居民的挤入效应。因此，从地方公共支农支出的区域性差异上看，中部地区公共支农支出对农村居民消费效应不显著，这也是我国公共支农支出对农村居民消费不具有显著挤入效应在区域上的一个重要表现。

通过对公共支农支出的消费效应进行实证研究后，我们得到如下三个主要结论：（1）在规模方面，虽然改革开放以来我国公共支农支出的规模持续增长，但由于公共支出的增长速度超过公共支农支出的增长速度，公共支出支农力度持续下滑。由于公共支出的管理、运用效率低下，公共支农支出对农民收入增长的促进作用不十分显著，这是公共支农支出的消费效应并不显著的重要原因。（2）在结构方面，公共支农支出项目主要集中在部门的事业费和农林基本建设支出，而农业科技3项费用和农村救济费所占比重都非常低，农业科技3项费用所占比重最低，其比重都不到一成。支援农村生产支出和农林气象等部门的事业费、农林基本建设支出以及农业救济费的增长对农业农村居民消费的影响都不显著，而农林科技3项费用对农村居民消费具有显著的挤入效应，因此，这极大地限制了公共支农支出消费效应的发挥。（3）在区域特征方面，各区域公共支农支出水平与其经济发展水平相关，东、西部地区公共支农支出对农村居民消费存在显著的挤入效应，而中部地区作为农业经济大省的集中区域，其公共支农支出对农村居民消费并不存在显著的挤入效应，这也极大地限制了我国公共支农支出消费效应的发挥。

第四节　本章小结及相应建议

改革开放以来，随着我国国民经济的持续高速增长，政府公共支出总量表现出持续增长的趋势，公共支出占支出法的比重呈 U 型走势，目前处在上升通道区间，表明政府对社会经济的调控力在增强。在公共支出总量增长的同时我国公共支出结构发生了很大的变化，改革开放初期的以经济建设等为主的公共支出结构逐渐被以社会文教等为主的公共支出结构取代，表明政府宏观调控范围发生重大变化，各级政府的经济管理职能逐步弱化，社会管理职能得到了增强，公共支出由注重"经济建设型"财政向注重"民生型"财政转型。近年来中、西部地区公共支出的增长略快于东部地区的增长，这种演化趋势也符合区域公共服务均等化的思想。

公共支出与居民消费之间存在长期稳定的均衡关系，从公共支出消费效应的实证研究结果我们可以看出，公共支出总量增长对全国居民、城镇居民和农村居民消费都具有挤入效应，这个研究结论为政府实施积极的财政政策提供了实证上的支持。但公共支出转型是滞后的，主要表现为与居民消费密切相关的社会文教方面支出增长相对缓慢，行政管理和其他支出的增长速度远高于社会文教方面支出的增长速度，在公共支出总量增长幅度并不很大的情况下行政管理费等的膨胀无疑加重了财政负担，限制了"民生性"公共品的供给，制约了公共支出消费效应的发挥。此外，公共支出的"非农偏好"也极大地限制了公共支出对农村居民消费的挤入效应。为更有效发挥公共支出对居民的挤入效应，政府除了确保支出总量增长的同时应进一步优化公共支出的结构和调整其方向，增加有关社会文教方面等的"民生性"公共品供给，扩大公共支出对农村的覆盖范围，从而扩大居民消费。

扩大消费最大潜力在于农村，加大公共支出支农力度是扩大农村居民消费增强消费对经济增长拉动力的一个重要手段。随着我国经济的持续高速增长公共支农支出规模也呈持续扩大趋势，在公共支农支出规模持续扩大的背后存在着以下几个显著特征：（1）公共支出支农力度持续下滑，这表明公共支农支出与公共财力的增长并不匹配，公共支农资金的增长低于公共财力的增长，在公共支出结构中公共支农支出的地位下降，公共财政的非农偏好特征仍在延续，公共支农支出总量仍相对不足。（2）公共支农支出结构并不合理，公共支农支出项目主要集中在部门的事业费和农林基本建设支出，而农业科技三项费用和农村救济费所占比重非常低，不到一成，其他诸如农业保险等方面的公共支出欠缺，对公共支农支出的结构调整是促进农村社会全面发展的急迫需要。（3）公共支农支出存在着区域性的差异，各地方公共支农支出与其经济发展水平和经济结构相关相关，中、西部公共支农支出的增长略快于东部地区，公共支农力度的强弱顺序依次为西部、中部和东部，农业在当地经济中相对地位决定着地方公共支出支农力度的强弱顺序依次为西部地区、中部地区和东部地区。

虽然公共支出对居民消费存在挤入效应，但从公共支农支出消费效应的实证研究中我们却发现公共支农支出对农村居民消费却不存在挤入效应，探究其原因主要有如下三个方面：（1）公共（支农）支出的管理、运用效率低下；（2）公共支农支出结构不合理；（3）作为农业经济大省的中部地区，其公共支农支出的消费效应不显著。在扩内需、推进经济发展方式由投资和出口驱动向消费、投资和出口协调驱动转变过程中，扩大农村居民消费的意义重大。依据实证分析结论，基于公共支农支出视角本文的政策建议主要有如下三点：（1）持续加大公共支出支农力度，长效化公共支农支出规模的增长。应进一步扩大公共支农支出的规模，确保公共支农支出的增长快于或不慢于公共支出的增长速度，应设计和出台科学、高效的支农惠农的转移支付体系，等等，通过建立公共支农支出稳定增长的长效机制，确保公共支农支出稳定增长，因为，公共支农支出结构的优化是建立在增量的基础之上的。（2）不断优化公共支农支出结构，科学化公共支农资金的投向。应通过农业行政事业机构改革控制农林水利气象等部门事业费的增长，加大对农业科技3项费用的投入，实施"科教兴农"战略，确保新增资金主要投向有利于农村科技进步的公共领域，从而提高公共支农资金的使用效率。可以借鉴发达国家的经验，探索适合我国经济发展水平的公共支农支出项目，使公共支农支出结构科学化和合理化。（3）依据公共支农支出的区域性特征，合理化中央和地方公共支农支出的职能界定。根据区域特征处理好中央与地方政府之间在公共支农方面的各自职责，这对发挥公共支农支出的消费效应具有重要现实意义。对发达的东部地区应鼓励地方更多承担公共支农职能，明确以地方为主的公共支农体制；考虑到西部区域公共支农资金可能受地方财政能力限制，中央政府应辅助财政支农投入，确保西部地区财政支农力度的加大和支农结构的优化不受资金短缺的困扰；中部地区公共支农支出对农村居民消费的挤入效应不显著，对中部地区则应侧重从政策角度等促使其结构优化，提高公共支农支出的效率，以发挥中部地区的公共支农支出的消费效应。此外，还应持续强化公共支农资金的监管，改变过去的财政支农资金管理模式，通过建立并健全财政支农资金绩效评价体系和考核制度，通过审计监督、媒体监督和社会监督等诸多方式加大对财政支农资金使用过程和使用效果的监督力度，逐步使公共支农支出资金的使用走上规范化和制度化，使公共支农支出的消费效应得以充分发挥，促进经济持续健康发展。

第七章

居民消费驱动经济增长：实证检验

改革开放以来，我国经济创造了持续高速增长的奇迹。从需求层面看，（居民）消费需求、投资需求、出口需求这三大需求是驱动经济增长的"三驾马车"，基于需求约束下居民消费驱动经济增长的机理分析本章利用我国宏观经济数据考察经济高速增长过程中各需求因素对经济增长的影响，以检验居民消费驱动经济增长的影响机制，进而强调扩大居民消费对经济持续健康发展的重要意义。

本章的结构安排如下：第一部分依据增长核算恒等式测算了包括居民消费在内的各个需求因素对经济增长的贡献度；第二部分运用 Granger 因果检验法检验了包括居民消费在内的各个需求因素与经济增长之间的因果关系；第三部分采用模型的脉冲响应函数和方差分解分析法分析转型期居民消费影响经济增长的动态特征；最后是本章的简要小结。

第一节　居民消费对我国经济增长的贡献

一、核算模型

依据增长核算恒等式：

$$GDP = RC + GC + I + (EP - M) \tag{7.1}$$

式（7.1）中，RC 是居民消费，GC 是政府消费，I 是投资，EP 是出口，M 是进口，$EP - M$ 则是净出口。根据国家统计局的各个需求成分对经济增长贡献的核算方法：某一需求成分对经济增长的贡献即为该变量增长率与其所占权重的乘积，即经济增长率的核算方程如下：

$$\dot{GDP} = \dot{RC}(RC/GDP) + \dot{GC}(GC/GDP) + \dot{I}(I/GDP) + \dot{EP}$$

$$(EP/GDP) \ - \dot{M} \ (M/GDP) \tag{7.2}$$

其中，RC/GDP 表示居民消费占 GDP 的比重，GC/GDP、I/GDP、EP/GDP 和 M/GDP 分别表示政府消费、投资、出口和进口所占的比重；$\dot{GDP}$、$\dot{RC}$、$\dot{GC}$、$\dot{I}$、$\dot{EP}$ 和 $\dot{M}$ 分别表示居民消费、政府消费、投资、出口和进口的增长率。

与国家统计局核算结果不同的是，本书将划分为 5 个部分①，各部分均采用实际值：实际居民消费，实际政府消费，总投资，以及商品和服务的进口和出口，在实际核算的时候并没有考虑进口这个因素。

这里采用 1952 年到 2009 年的数据进行分析，是实际支出法核算的国内生产总值，代表经济增长；RC 是实际居民消费需求；I 是实际资本形成总额，作为投资的变量；GC 是实际政府消费需求；EP 是实际出口需求，作为外需的变量。1978 年以前的数据都来自于《新中国五十五年统计汇编》，1978 年及以后的数据来源于历年《中国统计年鉴》。考虑到农村居民消费价格指数直到 1985 年才有统计，全体居民消费价格指数不全面，而其他的价格指数都有缺失，因此，以 1952 年为基年的全社会商品零售物价指数对所有名义变量进行平减，从而剔除了价格的影响，在后面的回归分析时所有的变量数据都经对数化处理。

二、核算结果

图 7 - 1 分别列出居民消费、政府消费、投资和出口在不同年份所占实际 GDP 的比重。

---

① 考虑到中国在快速城市化过程中，用总量而不是人均的角度分城乡考察居民消费对经济增长贡献的意义并不大，因此这里用总的居民消费指标，并没有分城乡考察。

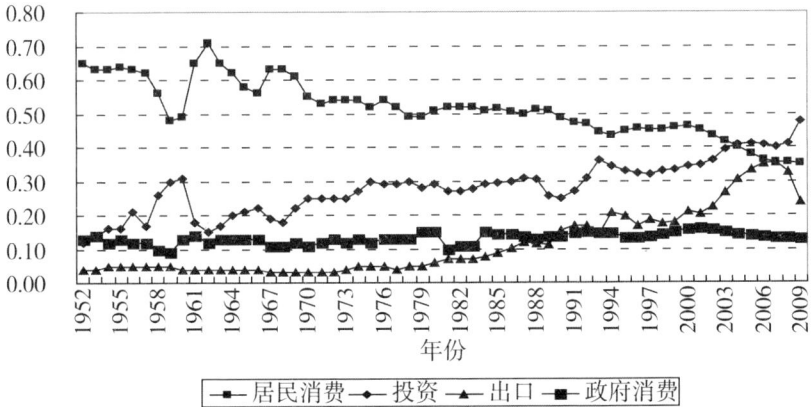

图 7-1　居民消费、政府消费、投资和出口占实际的比重

从图 7-1 中可以看出，在整个区间，居民消费占的比重持续下降，从 1952 年的 65.44% 下降到 2009 年的 35.11%，政府消费占的比重保持稳定，所占比重不大，大体处在 10%~15%，而投资和出口占的比重则出现持续上升的趋势，2008 年后由于收到国际金融危机的影响，出口迅速下降。这里的分析和本书导论中所使用的样本数据存在差异，但定性结果却是保持一致的。

表 7-1 分别列出居民消费、政府消费、投资、出口和实际在不同时间段的年均增长率以及这些需求成分对经济增长的贡献率。

表 7-1　各需求成分的年均增长率及其对经济增长的贡献率（%）

需求成分	年均增长率（%）					对 GDP 增长的贡献率（%）				
	1952－1978	1978－2009	1978－1990	1990－2000	2000－2009	1952－1978	1978－2009	1978－1990	1990－2000	2000－2009
居民消费	4.57	9.67	8.25	11.01	10.09	43.72	34.52	48.88	45.22	29.82
政府消费	5.70	10.72	8.46	13.27	10.96	13.26	12.85	13.85	16.97	11.47
投资	9.64	12.36	6.65	15.17	17.17	35.31	46.08	21.90	38.96	50.61

需求成分	年均增长率（%）					对 GDP 增长的贡献率（%）				
	1952 – 1978	1978 – 2009	1978 – 1990	1990 – 2000	2000 – 2009	1952 – 1978	1978 – 2009	1978 – 1990	1990 – 2000	2000 – 2009
出口	6.46	16.83	19.62	15.01	15.21	4.87	24.60	22.24	23.64	25.12
GDP	5.75	10.84	8.23	11.57	13.57	100	100	100	100	100

注：变量 x 年均实际增长率计算方法为：$[(x_{(t2)}/x_{(t1)})^{1/(t2-t1)} - 1] * 100$，其中，t2 和 t1 分别表示时间；计算从时期 t1 到 t2 变量 x 对 GDP 增长的贡献率为：$(x_{(t2)} - x_{(t1)}) / (GDP_{(t2)} - GDP_{(t1)}) * 100$。

从 GDP 年均增长率来看，在 1952～1978 年间，GDP 年均增长率为 5.75%，改革开放后，GDP 的年均增长率大幅度提高，高达 10.84%，比改革开放前高出个 5 百分点左右。其中在 1978～1990 年实际 GDP 年均增长率为 8.23%，在 1990～2000 年增加到 11.57%，2000～2009 年进一步增加到 13.57%，GDP 年均增长率在不断攀升。

从居民消费的年均增长率来看，改革开放前和改革开放后的居民消费年均增长率分别为 4.57% 和 9.67%，改革开放后居民消费出现了大幅度的提高，但与经济增长的对比上看，两者均低于实际年均增长率 1 个多百分点。从改革开放后居民消费的年均增长率的演变趋势上看，1978～1990 年、1990～2000 年和 2000～2009 年居民消费的年均增长率分别为 8.25%、11.01% 和 10.09%，1978～1990 年居民消费的年均增长率和 GDP 实际年均增长率大致相当，1990～2000 年居民消费的年均增长率低于 GDP 实际年均增长率约 4 个百分点，2000～2009 年居民消费的年均增长率低于 GDP 实际年均增长率 3.5 个多百分点，相对经济增长来说我国居民消费增长率过低是居民消费在 GDP 所占比重不断下降的主要原因。

从政府消费、投资和出口的年均增长率来看，改革开放前和改革开放后的政府消费年均增长率分别为 5.70% 和 10.72%，均高于同期居民消费需求的增长率，和同期的经济增长率大体相当，因此政府消费在 GDP 所占比重也大体保持稳定，这也验证了消费率的下降主要是由于居民消费率下降。改革开放前投资和出口的年均增长率分别为 9.64% 和 6.46%，改革开放后投资和出口的年均增长率分别为 12.36% 和 16.83%，均高于同期的 GDP 实际年均增长率，主要区别在改革开放前投资的年均增长率高于出口的年均增长率，而在改革开放后出口的年均增长率则高于投资的年均增长率。

从对经济增长的贡献率来看，相比于其他需求成分而言，虽然居民消费的年均增长率是最低的，但因其在 GDP 所占比重不低，其对经济增长的贡献率还是较高的。1952～1978 年居民消费对经济增长的贡献率为 43.72%，改革开放后，居民消费对经济增长的贡献率为 34.52%。由于居民消费增长率低于经济增长率，导致居民消费率走低，其对经济增长的贡献率也一直走低，1978～1990 年居民消费对经济增长的贡献率为 48.88%，在 1990～2000 年降低到 45.22%，2000～2009 年进一步增加到 29.82%。

从政府消费、投资和出口对经济增长的贡献率来看，由于政府实际消费增长率与 GDP 实际年均增长率大体持平，政府消费占 GDP 的比重也大体保持稳定，改革开放前后的政府消费对经济增长的贡献率分别为 13.26% 和 12.85%，因此，政府消费增长对经济增长的贡献率也大体保持稳定。改革开放前投资和出口对经济增长的贡献率分别为 35.31% 和 4.87%，改革开放后由于投资和出口的年均增长率均高于同期的 GDP 实际年均增长率，投资和出口对经济增长的贡献率分别提高到 46.08% 和 24.60%。从改革开放后投资和出口对经济增长贡献率的演变趋势上看，1978～1990 年、1990～2000 年和 2000～2009 年投资对经济增长贡献率不断攀升，分别为 21.90%、38.96% 和 50.61%，出口对经济增长贡献率也不断攀升，1978～1990 年为 22.24%，1990～2000 年为 23.64%，2000～2009 年为 25.12%，近期投资和出口对经济增长贡献率越来越高，其中 2000～2009 年投资对经济增长贡献率超过了同期居民消费对经济增长的贡献率，过去我国经济增长表现为越来越依赖投资和出口需求的增长。

单纯从核算角度我们还无法知道居民消费、政府消费、投资和出口与经济增长之间的互动关系，下文运用 Granger 因果检验进一步研究它们之间的相互因果关系。

第二节　居民消费与经济增长：孰因孰果？

在理论上，经济增长的各需求因素与经济增长之间是存在相互影响相互制约关系的，我国经济增长过程中居民消费与我国经济增长之间的因果关系到底怎么样呢？下面使用 Granger 因果检验进行探讨。

在检验之前，先对各序列进行 ADF 检验，经检验（检验结果见表 7 - 2）各变量数据均满足 I（1）过程。

表 7 - 2　各变量的单位根检验

变量	检验类型	1% 临界值	5% 临界值	10% 临界值	ADF 值	单位根
LnGDP	（C T 4）	- 4. 1409	- 3. 4970	- 3. 1776	- 0. 5779	有
LnRC	（C T 2）	- 4. 1338	- 3. 4937	- 3. 1757	- 0. 9150	有
LnI	（C T 8）	- 4. 1567	- 3. 5043	- 3. 1818	- 3. 5875	无
LnEP	（C T 5）	- 4. 1446	- 3. 4987	- 3. 1786	- 2. 3247	有
LnGC	（C T 7）	- 4. 1525	- 3. 5024	- 3. 1807	- 2. 1313	有
ΔLnGDP	（C 0 1）	- 3. 5550	- 2. 9155	- 2. 5956	- 5. 6713	无
ΔLnRC	（C 0 0）	- 3. 5527	- 2. 9145	- 2. 5950	- 4. 5262	无
ΔLnI	（C 0 7）	- 3. 5713	- 2. 9224	- 2. 5992	- 3. 4001	无
ΔLnEP	（C 0 0）	- 3. 5527	- 2. 9145	- 2. 5950	- 4. 9770	无
ΔLnGC	（C 0 2）	- 3. 5575	- 2. 9166	- 2. 5961	- 5. 9905	无

注：LnRC 为居民消费的对数，LnI 为投资的对数，LnEP 为出口的对数，LnGC 为政府消费的对数，LnGDP 为支出法 GDP 的对数，Δ 表示一阶差分后序列。检验类型中依次表示为是否有常数项，趋势项和滞后阶数，0 表示无，其中滞后阶数选择最大的滞后阶数 10 根据 AIC 准则自动选取。

接下来对这些非平稳的变量进行协整检验，这里使用 Johansen 协整检验方法进行检验，考虑到 Johansen 协整检验是基于 VAR 模型的一种检验方法，在检验之前，先根据 SC 准则确定 LnRC、LnI、LnEP、LnGC 和 LnGDP 的最优滞后期为 3。因为 LnRC、LnI、LnEP、LnGC 和 LnGDP 序列皆含常数项和线性趋势项，协整检验时包含常数项和趋势项。

表 7 - 3　Johansen 协整检验

原假设	特征根	迹统计量	最大特征值统计量
0 个协整向量	0. 6214	166. 0676 * (0. 0000)	52. 4449 * (0. 0056)

续表

原假设	特征根	迹统计量	最大特征值统计量
至多 1 个协整向量	0.4840	113.6227* (0.0003)	35.7295*** (0.0965)
至多 2 个协整向量	0.4362	77.8932* (0.0021)	30.9481*** (0.0690)
至多 3 个协整向量	0.3576	46.9451** (0.0188)	23.8947*** (0.0880)
至多 4 个协整向量	0.2277	23.0504 (0.1079)	13.9505 (0.2575)
至多 5 个协整向量	0.1551	9.1000 (0.1743)	9.1000 (0.1743)

注：括号内是 p 值，*表示1%显著，**表示5%显著，***表示10%显著，未标 * 表示未通过10%显著性水平，下表同。

协整检验结果（见表 7 – 3）表明，我国居民消费、政府消费、投资和出口与经济增长之间存在长期稳定的均衡关系。

考虑到改革开放前后的制度环境的差异对分析结果可能会有影响，因此在检验时同时把 1952 ~ 2009 年的样本区间划分为 1952 ~ 1978 年和 1978 ~ 2009 年两个样本，共三个样本。由于 Granger 因果检验对所选择的滞后期非常敏感，本书使用模型确定因果检验的最优滞后期，样本 1952 ~ 2009 年的最优滞后期为 3，样本 1952 ~ 1978 年的最优滞后期为 1，样本 1978 ~ 2009 年的最优滞后期为 2，最终得到居民消费、政府消费、投资需求、出口和经济增长之间的 Granger 因果关系：

表 7 – 4   Granger 因果检验

样本区间 原假设	1952 – 2009		1952 – 1978		1978 – 2009	
	P 值	F 值	P 值	P 值	F 值	P 值
$LnGDP$ 不是 $LnRC$ 的 Granger 原因	0.1473	1.8700	0.0699	3.6135**	0.0487	3.3859**

续表

样本区间 原假设	1952 - 2009		1952 - 1978		1978 - 2009	
	P 值	F 值	P 值	P 值	F 值	P 值
$LnRC$ 不是 $LnGDP$ 的 Granger 原因	0.0008	6.5885*	0.0059	9.2045*	0.1212	2.2840
LnI 不是 $LnGDP$ 的 Granger 原因	0.0013	6.1104*	0.0281	6.2080**	0.0165	4.7984**
$LnGDP$ 不是 $LnEP$ 的 Granger 原因	0.0034	5.2089*	0.7827	0.0779	0.3123	1.2155
$LnEP$ 不是 $LnGDP$ 的 Granger 原因	0.5663	0.6839	0.7703	0.3892	0.6657	04131
$LnGDP$ 不是 $LnGC$ 的 Granger 原因	0.3114	1.2236	0.7993	0.0662	0.8979	0.1082
$LnRC$ 不是 LnI 的 Granger 原因	0.0000	9.5292*	0.0240	5.8362**	0.0183	4.6586**
$LnGC$ 不是 $LnGDP$ 的 Granger 原因	0.0903	2.2895***	0.8285	0.0480	0.7997	0.2254
$LnRC$ 不是 LnI 的 Granger 原因	0.0010	6.4031*	0.0165	6.6863**	0.2345	1.5312
LnI 不是 $LnRC$ 的 Granger 原因	0.2172	1.5362	0.0599	3.9273***	0.6067	0.5091
$LnRC$ 不是 $LnEP$ 的 Granger 原因	0.0286	3.2855**	0.1116	2.7372	0.1973	1.7247
$LnEP$ 不是 $LnRC$ 的 Granger 原因	0.1178	2.0615	0.0936	3.0593***	0.2406	1.5023
$LnRC$ 不是 $LnGC$ 的 Granger 原因	0.0007	6.7824*	0.0107	7.7192**	0.0147	4.9510**
$LnGC$ 不是 $LnEP$ 的 Granger 原因	0.5842	0.6542	0.7728	0.0853	0.1956	1.7343

样本区间 原假设	1952－2009		1952－1978		1978－2009	
	P 值	F 值	P 值	P 值	F 值	P 值
LnI 不是 $LnEP$ 的 Granger 原因	0.6628	0.5316	0.7827	0.0779	0.2316	1.5448
$LnEP$ 不是 LnI 的 Granger 原因	0.0182	3.6823**	0.1982	1.7552	0.1731	1.8726
LnI 不是 $LnGC$ 的 Granger 原因	0.0057	4.7305*	0.4027	0.7268	0.1587	1.9718
$LnGC$ 不是 LnI 的 Granger 原因	0.0061	4.6721*	0.3212	1.0281	0.4016	0.9438
$LnEP$ 不是 $LnGC$ 的 Granger 原因	0.0723	2.4801***	0.3659	0.8508	0.1208	2.2882
$LnGC$ 不是 $LnEP$ 的 Granger 原因	0.2286	1.4920	0.2865	1.1905	0.1530	2.0140

根据 Granger 因果检验结果，绘制出如下各需求因素与经济增长之间的 Granger 因果关系图：

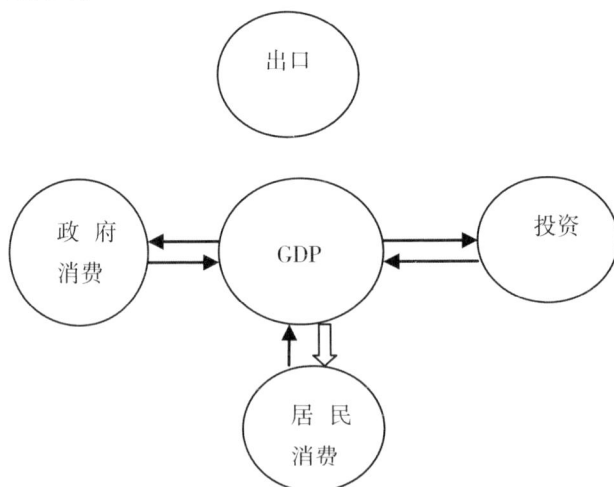

图 7－2　各需求因素与经济增长之间的 Granger 因果关系（1952～2009）

注：→表示存在显著的因果关系，⇨表示"弱"显著的因果关系，即在20%的显著性水平上存在因果关系，未标箭头表示没有因果关系，下图同。

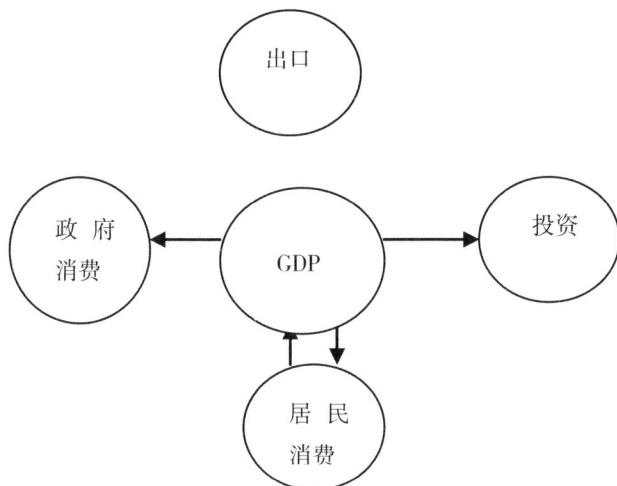

图7－3　各需求因素与经济增长之间的 Granger 因果关系（1952～1978）

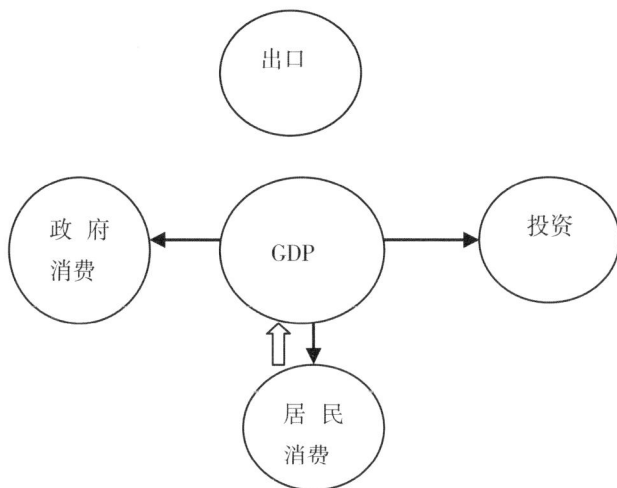

图7－4　各需求因素与经济增长之间的 Granger 因果关系（1978～2009）

通过对经济增长各需求因素（居民消费、政府消费、投资和出口）与经济增长之间因果关系进行 Granger 因果关系检验，得到如下分析结果：

（1）基于样本 1952～2009 年的时序数据（图7－2），在各个需求因素中政府消费和投资与我国之间存在着双向的因果关系，出口并不是我国的 Granger 原因。出口是投资和政府消费等的 Granger 原因，出口对我国经济的影响主要是通过影响投资等因素间接地影响经济增长。居民消费是的 Granger 原因且具有很强的显著性水平，但是居民消费的 Granger 原因的显著性水平是"弱"的，居民消费同时也是政府消费和投资的 Granger 原因。因此，居民消费不仅直接作用于经济增长，还会通过投资等其他需求因素间接地作用于经济增长。

（2）基于样本 1952～1978 年的时序数据（图 7－3），在各个需求因素中居民消费与我国之间存在着双向的因果关系，居民消费是的 Granger 原因也是居民消费的 Granger 原因，且都具有很强的显著性水平。政府消费和投资与我国之间却不存在着双向的因果关系，仅有单向的因果关系，是政府消费和投资的 Granger 原因，但反向的因果关系并不存在，这表明基于样本 1952～1978 年的时序数据，政府消费和投资的增长是经济增长的结果，对样本 1952～1978 年的数据分析结果与基于样本 1952～2009 年时序数据的分析结果存在差异。出口并不是我国的 Granger 原因，出口对我国经济的影响主要是通过影响其他需求因素（投资等）间接地影响经济增长，分析结果与基于样本 1952～2009 年时序数据的分析结果是一致的。

（3）基于样本 1978～2009 年的时序数据（图 7－4），我国与居民消费之间也存在着双向的 Granger 因果关系，的增长带来了居民消费水平的增长，而居民消费是的 Granger 因果关系是"弱"的。政府消费和投资与我国之间不存在着双向的因果关系，仅有单向的因果关系，对样本 1978～2009 年的数据分析结果与基于样本 1952～1978 年时序数据的分析结果是一致的。出口也不是我国的 Granger 原因，其对我国经济的影响是通过影响投资等其他需求因素间接地影响经济增长。

改革开放以来，经济的高速增长带动了投资需求、政府消费需求和居民消费需求的增长，随着我国越来越融入世界分工体系，国外对我国商品的需求迅猛增长，出口需求的增长也诱致了投资需求等的增长。在我国的需求体系中出口和投资增长相对最快，由此我国经济显著地表现为投资与出口驱动型经济。基于样本 1952～2009 年、样本 1952～1978 年和样本 1978～2009 年时序数据的分析结果都表明居民消费这一需求因素不仅是经济增长的 Granger 原因，还是投资需求、政府消费和居民消费的 Granger 原因（见表 7－4），这表明居民消费的增长除了直接影响经济增长外还会通过其余各个需求因素系统地影响到我国宏观经济。

第三节　居民消费驱动经济增长的动态特征

一、脉冲响应函数分析

格兰杰因果关系揭示了居民消费、政府消费、投资和出口和经济增长之间短期的互动关系，为进一步揭示居民消费、政府消费、投资和出口对经济增长的这种关系的动态特征，这里进一步采用确定了的最优滞后期的模型脉冲响应函数进行分析。

（1）基于样本1952~2009年时序数据的分析（图7-5）可知，我国得到出口一个标准差单位正向冲击后起初会产生正向反应，在第3期达到峰值，而之后却迅速下降，在第5期后逐渐影响已经很微弱。因此，短期内出口的负向冲击对的冲击是很明显的。政府消费的正向冲击在第2期之后会产生比较持久的同向影响，这种影响在第5期达到峰值，稍微收敛后影响逐渐平稳。当受到投资一个标准差单位正冲击后我国则产生了比较持久的负向反应，这可能是我国的粗放型投资模式有关，仅仅是投资需求的增长并不能带来经济增长。而当遭受到居民消费的一个标准差单位正冲击后，在第2期之后居民消费会经济增长产生比较持久的同向影响，这种影响和政府消费对经济增长的影响类似，但是其强度远大于政府消费对经济增长的影响。

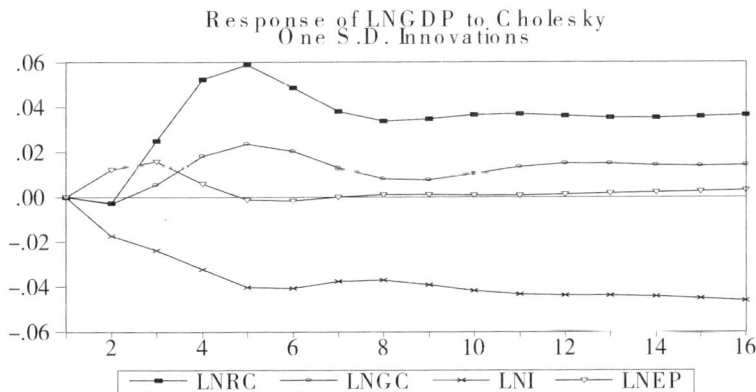

Response of LNGDP to Cholesky
One S.D. Innovations

图7-5　居民消费、政府消费、投资和出口与经济增长的脉冲响应函数（1952~2009）

（2）基于样本 1952～1978 年的时序数据（图 7-6），我国得到出口一个标准差单位正向冲击后，出口对经济增长起初也表现为正向影响，但在第 4 期之后表现为负向影响，与基于样本 1952～2009 年的时序数据分析结果有所差别。投资一个标准差单位正冲击对我国的影响也基本上与出口的冲击对的影响相吻合。而政府消费的一个标准差单位正冲击对我国的影响在初期表现为负面影响，在第 2 期之后逐渐趋向正向影响，在第 5 期开始逐渐趋向收敛。当遭受到居民消费的一个标准差单位正冲击后，居民消费的正向冲击对的拉动作用是明显的，其分析结果与基于样本 1952～2009 年的时序数据分析结果大体一致。

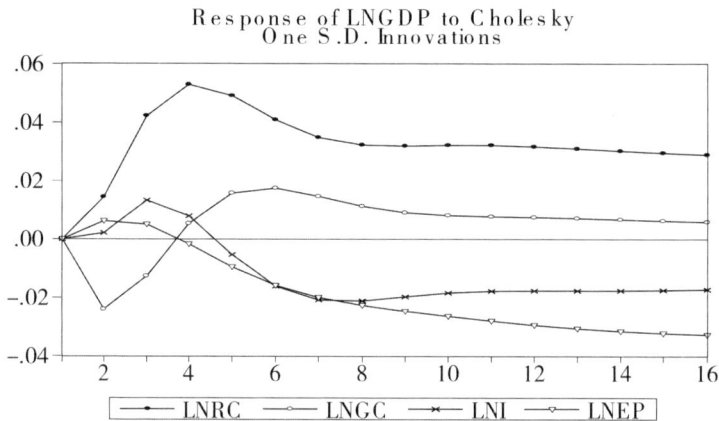

Response of LNGDP to Cholesky
One S.D. Innovations

图 7-6　居民消费、政府消费、投资和出口与经济增长的脉冲响应函数（1952～1978）

（3）基于样本 1978～2009 年的时序数据（图 7-7），我国得到出口一个标准差单位正向冲击后经济也表现出正向影响。当受到投资一个标准差单位正冲击后其对我国会产生比较持久的负向反应，其分析结果与基于样本 1952～2009 年的时序数据分析结果大体吻合。而政府消费的一个标准差单位正冲击对我国在初期表现为负向影响，约在第 4 期之后开始趋向正面影响，在第 7 期之后影响逐渐趋向平稳。当遭受到居民消费的一个标准差单位正冲击后，起初会对产生负向影响，在第 4 期之后开始趋向正面影响，居民消费对经济增长的正向影响也是长期持续的。

Response of LNGDP to Cholesky
One S.D. Innovations

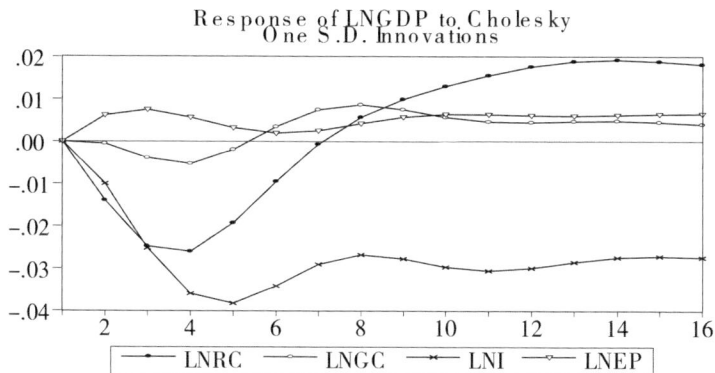

图 7 – 7 居民消费、政府消费、投资和出口与经济增长的脉冲响应函数（1978～2009）

由于样本不同，其结论自然有所差异，但综合来看，出口负向冲击对我国经济增长会有负向影响，2008 年国际经济危机对我国经济造成强大的负面影响也说明这点。投资的正向冲击对我国表现为负向反应，这和我国粗放型投资模式是分不开的，因此对投资需求来说，相对于需求总量来说优化投资结构可能是更重要的内容。政府消费对我国经济的影响较弱，居民消费对我国经济的影响是持久且同向的，相对于各需求因素而言扩大居民消费的经济增长效果更加显著，特别是在后金融危机时代，扩大居民消费的意义尤为深远。

二、方差分解分析

脉冲响应函数揭示了居民消费、政府消费、投资和出口和经济增长之间互动关系的动态特征，但是并没有揭示出各个需求因素的随机冲击对波动的相对重要性，为了分析扩大居民消费对经济增长稳定性的意义，下面按照确定了的最优滞后期进行如下的方差分解：

（1）图 7 – 8 指出了的标准误差被分别分解为投资、出口、政府消费和居民消费的贡献比重变化情况。基于样本 1952～2009 年的时序数据我国起初主要是受自身因素的影响，这种影响逐渐下降，到 10 期时影响程度约为 30%，其余的 70% 的部分可以由各个需求因素解释。在各个需求因素中出口和政府消费的冲击对的贡献是很小的，即使在第 10 期两者的贡献之和也不到 10%，投资冲击对的贡献呈现持续上升趋势，在第 10 期时投资冲击对的贡献可以达约 30%。居民消费冲击对的贡献在开始阶段是非常小的，在第 3 期后迅速上升，约在第 5 期达到最大值，之后稳定，第 10 期时居民消费冲击对的贡献也高达约 30%。

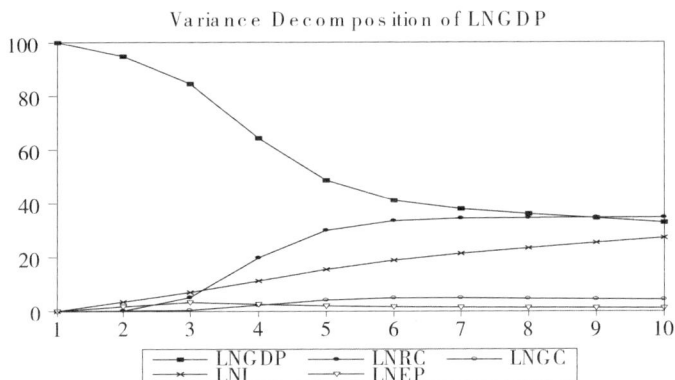

图 7 - 8　居民消费、政府消费、投资和出口与经济增长的模型方差分解（1952～2009）

（2）基于样本 1952～1978 年的时序数据（图 7 - 9），我国起初也主要是受自身因素的影响，到 10 期时影响程度约占 40%。政府消费、投资和出口冲击对的贡献相对较小，在第 10 期三者的贡献之和不到 20%。居民消费冲击对的贡献起初很弱，在第 2 期后迅速上升，约在第 5 期达到最大值，之后稳定，第 10 期时居民消费冲击对的贡献也高达约 40%。

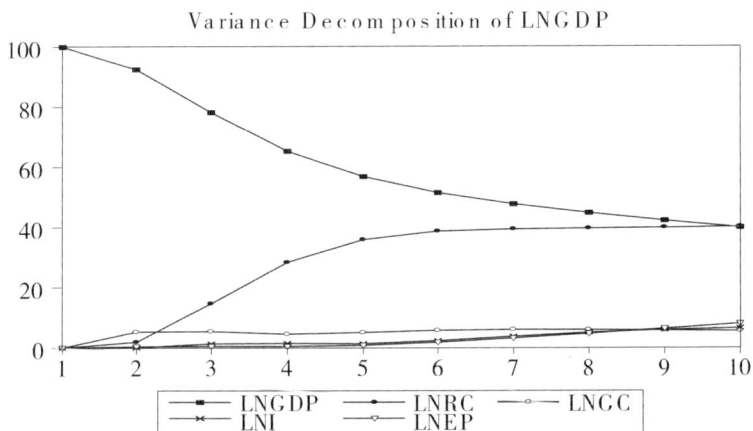

图 7 - 9　居民消费、政府消费、投资和出口与经济增长的模型方差分解（1952～1978）

（3）图 7－10 揭示了在样本 1978～2009 年的标准误差被分别分解为投资、出口、政府消费和居民消费的贡献比重变化情况。我国起初还是主要受自身因素的影响，之后逐渐下降，到 5 期之后影响程度稳定在不到 60% 。投资的冲击对的贡献一开始就上升，第 5 期之后影响逐渐稳定，在第 10 期投资的贡献超过了 30% 左右。出口和政府消费冲击对的贡献一直都非常小。相对投资而言，居民消费的冲击对的贡献较弱，在第 10 期时居民消费冲击对的贡献约为 10% 。

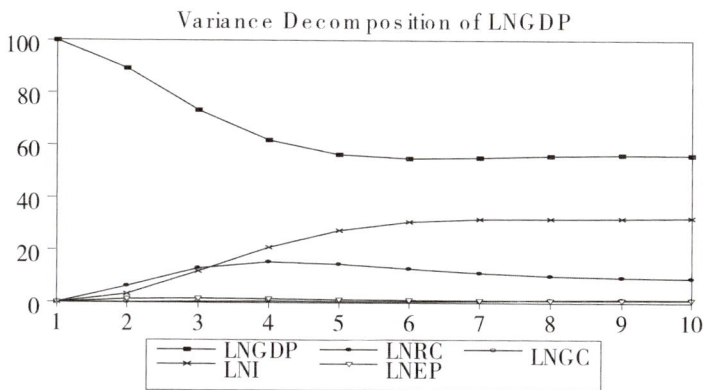

图 7－10　居民消费、政府消费、投资和出口与经济增长的
模型方差分解（1978～2009）

由于样本区间不同，结论也存在差异，综合来看，经济波动主要是由于自身因素造成的，在各个需求因素中，居民消费和投资冲击是造成我国波动的最重要原因，改革开放前居民消费冲击是对我国波动有很大的解释力，改革开放后投资的冲击对我国波动的重要性上升，居民消费的贡献度相对投资而言来说是较弱的。改革开放后我国经济表现为投资和出口驱动，投资除受到经济增长的影响还和出口需求紧密相关，出口是外生的需求，不确定性是很大的，因此在各个需求因素中投资及出口的冲击可以认为是造成我国波动的非常重要原因。虽然居民消费的冲击也是造成我国波动的重要因素，但居民消费虽然对经济增长的稳定性还是具有解释力，因为消费需求具有"棘轮效应"，相对投资和出口来说，居民消费对我国波动影响还是相对较小的，扩大居民消费更有利于经济增长的稳定性。

第四节　本章小结

基于 1952～1978 年、1978～2009 年和 1952～2009 年三个样本数据的分析都表明出口不是我国的格兰杰原因，但出口是投资需求、政府消费或居民消费的格兰杰原因，外需是通过其他需求因素间接地影响我国经济增长。在脉冲响应函数上，出口的一个负向冲击对我国经济存在着显著的负面影响，方差分解分析也表明，虽然出口冲击对的贡献很小，但投资冲击在第 10 期之后的贡献是很大的，出口冲击会通过投资需求等对我国经济产生了显著的负面影响。改革开放以来在经济持续高速增长过程中出口快速增长，年均增长率 18.18% 高于的年均增长率，为我国经济增长作出了巨大的贡献，年均贡献率 34.10%，远高于改革开放以前 4.87% 的水平。在后危机时代外部环境充满了更多的不确定性，外需的负面冲击将会给我国经济维持高速的增长带来了挑战，经济波动的风险也加大，同时我国经济增长也日益受到了需求不足的制约，考虑到当前我国已成为世界的第二大经济体，进出口总额位于世界第二，出口总额位于世界首位，对于大国经济，继续向过去一样靠出口拉动经济已是不可持续。在此背景下政府把推动我国经济持续高速增长的期望寄托在扩大内需上，正在采取积极措施，努力扩大内需，促进经济的又好又快发展。

扩内需无疑是后危机时代降低外需冲击的这种负面影响缓解需求约束的重要举措。在国内需求方面，基于改革开放前和改革开放后的数据分析投资并不是我国的格兰杰原因。在脉冲响应函数上，投资的冲击对我国经济增长也表现负面影响，方差分解分析也表明投资的冲击对波动的贡献是很大的。对投资来说，优化投资结构可能比单纯的扩大投资需求更为重要，当然投资结构优化也应是建立在总量增长基础之上，投资需求是中间需求，没有最终需求的支撑是不可持续的。改革开放以来我国投资需求年均增长率高于的年均增长率，近年来对我国经济增长的贡献率也超过了居民消费对经济增长的贡献率，出口的快速增长成为投资需求增长的主要最终需求支撑。后危机时代出口需求的增长充满了不确定性，寻求国内最终需求支撑是适宜的选择。

在国内最终需求方面，政府消费对经济增长的影响与居民消费对经济增长的影响大体一致，但政府消费对经济增长的影响强度相对偏小，这一定程度上反映了政府消费的不合理性，因此需着眼于结构优化的角度以更好地发挥政府消费的增长效应。基于 1952～1978 年、1978～2009 年和 1952～2009 年的时序数据分析都表明居民消费与我国之间存在双向的因果关系，经济增长带来了居民消费的增长，居民消费的增长也会驱动经济增长。然而改革开放以来我国经济的高速增长过程中居民消费的增长显著慢于经济增长速度，我国居民总体上并没有充分享受到经济发展的成果。从长期来看，作为消费需求主体的居民消费对经济增长的拉动作用是很大的，脉冲响应函数表明了居民消费的正向冲击对经济增长的正向影响是长期持续的。但由于我国社会保障制度建设滞后、收入分配体制方面存在问题和公共支出转型滞后等，居民消费对经济增长的贡献率在持续下降，消费对经济增长的拉动作用并没有充分发挥，改革开放以来我国经济增长因此也主要表现为出口和投资驱动。

消费需求是经济增长的"三驾马车"驱动之一，在后经济危机背景下扩大居民消费显然有利于我国经济增长。扩大居民消费不仅是应对可能的外需冲击给我国经济带来负面影响的重要措施，且居民消费的稳定增长具有引致投资、提升人力资本、促进技术进步和优化经济结构等功能，具有长期增长效应。此外，从经济运行的平稳性看，投资和出口驱动型经济增长波动性往往较大，建立在消费需求，特别是居民消费需求增长基础上的经济增长有利于维持经济增长的平稳性；从经济增长的质量上看，投资和出口驱动型经济增长往往带有"粗放型"的特征，对环境和资源的破坏性较大，不利于经济增长的可持续性；在经济增长的成果分享方面，过去经济增长过程中居民收入增长相对缓慢、收入差距的持续扩大反映出我国经济发展的成果并没有全民共享。因此，当前的背景下扩大居民消费需求的政策措施应作为推动我国经济增长方式转变促进我国经济持续健康发展的政策杠杆，需要通过完善社会保障体系、变革收入分配体制和加快推进公共支出转型等各种政策措施扩大居民消费，使消费需求成为经济增长重要要驱动力，以推进国民经济的又好又快发展。

第八章

基本结论、制度安排与进一步研究方向

第一节　基本结论

从需求层面本书对改革开放年来中国经济增长的驱动结构进行了考察，在与相同的发展阶段的其他高速经济增长体国家进行了比较分析后，本书认为，中国经济增长的驱动结构是不平衡的，投资和出口相对较高，消费率相对偏低，偏低的消费率主要表现为居民消费率偏低。从历史经验上看，消费驱动是大国经济的发展模式，我国传统的经济增长模式是无法持续的，偏低的消费率和居民消费率客观上也催生了扩大居民消费增强消费对经济增长拉动力的"倒逼机制"。加快推进经济增长向消费、投资、出口协调拉动转变已是中国"十二五"期间的一项重大课题。经济增长由主要依靠投资、出口拉动向消费、投资和出口协调拉动转变的重要内容就是在需求导向型经济中充分发挥消费需求对经济增长的拉动效应，摆脱经济增长对投资和出口的过度依赖，让消费需求真正成为经济增长重要推动力。在前述七章中，我们对增长模式转型下中国居民消费的制约因素及增长绩效的若干问题进行了较为深入的分析，得出如下的研究结论：

首先，在扩大居民消费的问题上，基于当前主流的预防性储蓄理论，我们分析了居民的谨慎的消费行为。基于 Dynan（1993）的模型利用状态空间模型全面估测了 1979～2009 年间中国城乡居民消费行为谨慎程度的时序变化，结果发现：无论是从全国总体还是分城镇和农村来看，中国居民都存在着较强的预防性储蓄动机，且呈现持续上升的态势，城镇略高于农村。在对转型背景下中国居民预防性储蓄动机的影响因素做了实证分析后，转型背景下制度因素及其不确定性作为一种系统性风险，是中国居民谨慎消费行为的重要影响因素。

经济转型中不确定性因素增多，由于社会保障体系建设的滞后，居民的消费行为难免表现出过度谨慎，预防性储蓄理论能很大程度上解释我国居民谨慎的消费行为，通过完善社会保障体系等匡正居民消费行为是扩大我国居民消费需求的一个有效举措。然而运用预防性储蓄理论分析居民消费问题，忽略了对居民收入流问题的分析，也忽视了消费者得"异质性"问题，在市场化过程中收入分配关系的不合理可能是解释我国居民消费需求不振的不可忽略的方面，除了从居民谨慎的消费行为进行深入分析外，更应当从收入分配方面等宏观角度进行分析。

接着，在完善收入分配制度方面，从初次分配和再分配两个角度全面分析收入分配调整对我国居民消费的影响。研究结果表明：在初次分配方面，近年来的劳动报酬率持续下降极大限制了居民消费需求的扩张，但客观上却推动了总需求的扩张有利于经济增长，提升劳动报酬是扩张居民消费需求的有效思路，考虑到目前我国内需体系为"利润引导性"需求，初次分配领域提升劳动报酬扩张居民消费的同时应注重结构（投资结构等）优化，以推进经济的又好又快发展；在再分配方面，我国居民收入差距的扩大极大地制约了居民消费的增长，虽然在农村内部，缩小居民收入差距的收入再分配的政策调整对扩大农村居民消费并不显著，但在城镇内部，缩小居民收入差距的收入再分配的政策调整对扩大城镇居民消费有着显著的影响，考虑我国特殊的城乡差距因素后，缩小城乡居民收入差距的收入再分配的政策调整对我国居民消费需求的扩张有着显著的积极作用。因此收入再分配的政策调整应注重缩小城镇内部居民收入差距和城乡收入差距扩大对居民消费，以发挥收入再分配的消费效应，使居民共享经济发展成果推进我国经济持续较快发展。

其次，基于公共支出角度分析居民消费的制约因素。在公共支出转型过程中，公共支出不管对于全国居民、城镇居民还是农村居民消费都具有挤入效应，在支出结构方面，经济建设费、国防费、行政管理费和其他支出对我国居民消费的影响并不显著，只有社会文教方面的支出对居民消费具有显著的挤入效应，我国支出总量对居民消费的挤入效应在支出结构上主要表现为社会文教方面支出增长对居民消费的挤入效应。在社会文教方面的支出对居民消费的挤入效应方面，由于我国公共支出长期非农偏好特征，农村居民受到的关注偏少，社会文教方面支出的增长对扩大农村居民消费需求的效果并不太理想，社会文教方面支出的增长对城镇居民消费的挤入效应显著地强于对农村居民消费的挤入效应。扩大居民消费最大潜力在农村，增强公共支出支农力度是扩大农村居民消费的重要手段，但公共支农支出并未给农村居民消费产生挤入效应，这只要是由以下原因造成：（1）公共支出的管理、运用效率低下，公共支农支出对农民收入增长的促进作用不十分显著；（2）公共支农支出结构并不合理，农业科技3项费用对农村消费具有显著挤入效应，但其所占比重非常低；（3）中部地区作为农业经济大省的集中区域，其公共支农支出对农村居民消费并不存在显著的挤入效应，这也极大地限制了我国公共支农支出消费效应的发挥。因此，应加快推进公共支出转型以充分发挥公共支出的消费效应推进我国经济持续较快发展。

再次，基于作为需求因素之一的居民消费是驱动经济增长的理论分析，利用中国 1952～2009 年样本数据，通过测算各需求因素对经济增长的贡献程度，测算结果发现：由于居民消费增长相对缓慢，居民消费对经济增长的贡献在波动中持续下降。接着使用因果关系检验、脉冲响应函数、方差分解等分析方法对居民消费与经济增长之间的关系进行了系统的分析。研究结果表明，经济增长与居民消费之间的影响关系和影响方向较为稳定，居民消费是经济增长的 Granger 原因，经济增长也带来了居民消费需求的增长，然而，较之经济增长居民消费增长相对缓慢，居民消费对经济增长的驱动作用越来越弱。居民消费具有显著的经济增长效应，短期效应虽然并不十分明显，但长期来看增长效应显著，因此，扩大居民消费应着眼于长期视角。当前背景下扩大居民消费不仅有利于经济增长，也有利于经济增长的稳定性，因此，为促进我国经济的可持续健康发展需要外生的力量扩大居民消费增强消费对经济增长的驱动力。

综合上述分析结论，本书进一步归纳了扩大居民消费增强消费对经济增长拉动力的主要动因和中国居民消费的主要制约因素。

一、扩大居民消费增强消费对经济增长拉动力的动因

（一）传统经济增长模式的不可持续性

改革开放以来，中国经济的高速增长很大程度上决定于全球分工体系下我国外向型经济的发展，增长过于依赖外需，近几年我国的外需率已迅速超过了30%，在外部环境充满不确定性的条件下，外部的经济冲击会对我国经济增长的负面影响非常大（2008 年爆发的全球金融危机就使我国经济面临严峻的下行压力），在后经济危机时代国际市场的竞争也将日益激烈，出口拉动型经济增长的难度也将不断加大。目前中国是仅次于美国的第二大经济体，也是第二

大经济出口国，继续高度依赖外部经济拉动并非是大国经济的发展模式，作为经济大国，实现经济的平稳较快增长，除继续实行"贸易多元化战略"稳定和谋求外部市场的同时更应积极扩大内需。

在内需结构上，中国经济增长对投资也是高度依赖的，投资需求作为一种引致需求是由最终需求决定的，靠投资需求拉动的经济增长如果缺乏最终需求的支撑是不可持续的，且在传统的粗放型投资模式下由于政府投资主导投资的增长往往以资源和廉价劳动力的巨大投入及环境的破坏为代价的，环境和资源承载经济增长的能力越来越弱，中国经济增长面临着日益严峻的资源和环境约束。

传统的投资和出口驱动型经济增长模式的不可持续性日渐突显，经济运行的风险日益增大，这引起我们认识到需要增强消费对经济增长的驱动力加快推进经济增长向消费、投资和出口协调拉动转变的紧迫性。

（二）我国居民消费疲软的现实国情

改革开放以来，我国经济增长驱动结构中投资和出口的势头强劲，"三驾马车"的步伐不协调，相对于投资和出口而言，消费对经济增长的拉动效果偏低，结构性矛盾凸显。通过国际比较后发现，我国消费率偏低。由于消费需求结构中政府消费大体保持稳定，也和国际一般水平相当，过去消费率的下降主要表现为居民消费率的下降，由于居民消费增长相对缓慢，不仅慢于经济增长速度和政府消费的增长速度，也慢于其收入水平的增长，（居民）消费对经济增长的拉动作用并没有充分发挥。

在居民消费结构内部，由于我国特有的城乡二元结构，城乡居民收入差距持续扩大，农村居民消费消费水平增长更加缓慢，消费结构更低，农村居民消费对经济增长的拉动小于城镇居民消费对经济增长的拉动，且在我国人口结构中农村居民仍然是人口的主体，因此，增强消费对经济增长的拉动力最大潜力在于农村。在传统的经济增长模式下，居民消费对经济增长的拉动作用疲软，经济发展的成果并未全民共享，这些客观上也催生了扩大居民消费增强消费对经济增长拉动力的"倒逼机制"。

（三）（居民）消费需求增长是未来中国经济增长的一股新动力

根据 Porter（1990）的竞争优势理论，消费拉动型的经济增长模式才是一个国家或地区真正可持续和健康的增长模式。消费需求作为最终需求，对经济增长的影响是巨大的，居民消费具有显著的经济增长绩效，需求增长可以从不同的角度、不同的途径影响着经济增长。当前，我国消费需求对经济的拉动是非常不够的，消费需求还远未成为经济增长的重要驱动力量。一般来说，在工业化过程中，需要为工业化提供积累，消费率稍微低点，这是合理的，但是随着工业化进程的加快，在步入后工业化时代，消费率将会有所回升。根据国际经验，人均 GDP 超过 1000 美元这个重要门槛，这时候经济结构加速转型，消费对经济增长的拉动作用将会逐渐增大。

当前我国经济已经越过了这个门槛，2008 年人均 GDP 已超过 3000 美元，扩大居民消费增强消费对经济增长拉动力是我国经济发展到一定阶段后的内在要求，消费需求增长也将是中国未来经济增长的一股新动力，我国政府适时提出从投资和出口拉动型经济增长向消费、投资和出口协调拉动型经济增长转变是适应这一趋势的理性抉择。

二、中国居民消费的制约因素

根据消费理论和实践，影响居民消费的因素是多方面的，中国居民消费疲软主要与以下三个因素密切相关：一是未来不确定性导致居民谨慎的消费行为；二是收入分配的不合理，居民收入水平增长相对缓慢，收入差距的拉大，等；三是公共支出转型的滞后。

（一）未来不确定性导致了居民谨慎的消费行为

世界上发达的市场经济国家由于有着相对较为完善的社会保障体系，居民的预防性储蓄动机并不高，甚至超前消费。而我国正处在经济转型中，不确定性因素增多，制度方面的因素作为一种系统性风险，在经济转型过程中强化了居民的谨慎消费行为，而社会保障体系建设却滞后，其在深度和广度方面都远没有达到当前社会发展的要求。市场化的迅速发展，不确定因素增多，在社会保障体系建设滞后且还非常不完善的条件下，居民面临各种潜在的风险急剧增长，居民不得不增加储蓄，减少消费以应对未来不确定性带来的风险。经济转型过程中在社会保障体系建设滞后的情况下居民的消费行为难免表现出越来越谨慎，无论城镇居民还是农村居民都越来越"不敢消费"。

（二）收入分配的不合理限制了居民消费的扩张

我国收入分配关系不合理主要表现为居民收入水平增长相对缓慢，收入差距的持续拉大，等等。改革开放以来，中国的初次分配中要素分配表现为劳动者报酬率持续下降，尽管有些学者（李稻葵等，2009）预言未来几年劳动份额在初次分配中的比重会进入上升通道，但当前仍处在下降通道，还未出现拐点，劳动报酬率持续下降极大限制了居民消费需求的扩张。在规模分配上，通过对1992年以来历年资金流量表的数据进行整理分析，我们发现：国民收入经过初次分配以后，居民部门所占的比重有下降的趋势，经过再分配调节后，居民部门所占的比重并没有得到很好的改善，而政府部门经过再分配以后其所占的比重却得到了很大的提高，再分配的功能受到了扭曲，再分配政策调整也未能达到有效地扩大居民消费的效果。且近年来居民收入的城乡之间差距及城乡居民内部之间差距等都有扩大的趋势，全国的基尼系数已经超过国际公认的警戒线，居民收入差距的扩大显著地制约了居民消费的增长。完善收入分配制度改变这种不合理的收入分配结构是扩大居民消费增强消费对经济增长驱动力的重要手段。

（三）公共支出转型滞后制约了公共支出消费效应的发挥

公共支出作为收入再分配的一个重要手段，与居民消费密切相关，在公共支出转型过程中扩大居民消费增强消费对经济增长的拉动力要求建立以提供民生性公共物品为主的公共支出结构。改革开放以来我国经济建设费所占比重持续递减，公共支出演变趋势总体上是符合经济经济增长模式转型的要求。但公共支出转型是滞后的，主要表现为与居民消费密切相关的社会文教方面支出增长相对缓慢，行政管理和其他支出的增长速度远高于社会文教方面支出的增长速度，在公共支出总量增长幅度并不很大的情况下行政管理费等的膨胀无疑加重了财政负担。扩大居民消费最大潜力在农村，由于长期以来公共支出"非农偏好"，公共支出支农力度持续下降，且公共支农支出的结构也非常不合理，且作为农业经济大省集中区域的中部地区，其公共支农支出对农村居民消费并不存在显著的挤入效应，这些都极大地限制了公共支出的消费效应。应控制行政管理费等方面的增长速度，加大对就业、文教、卫生、社会保障等方面的支出比例，增强公共支出支农力度，优化公共支农支出结构，根据公共（支农）支出的区域特征，合理处理好中央和地方的关系，为扩大居民消费、充分发挥消费对经济增长的驱动作用，进而促进经济增长模式转型创造条件。

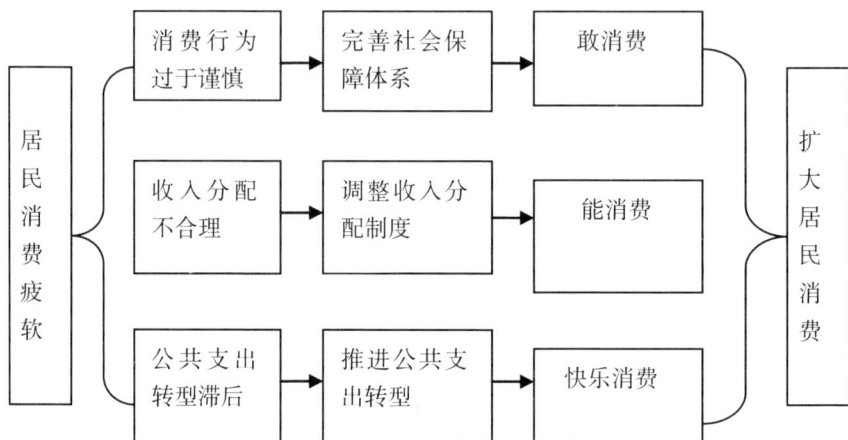

图 8 - 1　居民消费的制约因素及破解之道

第二节　制度安排

扩大居民消费推动中国经济持续健康发展是一个系统的工程，也是一个长期的过程，在这一过程中，制度和体制变革是核心，也是关键。应从一系列的制度变革和体制机制创新着手，以达到有效充分地发挥消费的这个重要驱动力量的作用。针对过去的经济增长主要依靠投资需求和外需拉动的现实背景，为破除消费需求不足对经济增长的制约，基于中国居民消费的主要制约因素，有必要通过各种渐渐式的体制变革和制度建设降低居民过高的预防性储蓄动机，有必要理顺收入分配关系，提高居民的消费能力和阻止居民收入差距扩大的趋势，有必要推进进公共支出转型，优化消费环境和提升消费意愿，促进居民消费需求扩张和消费结构升级，从而增强消费需求对经济增长的拉动作用，推动我国经济又好又快发展。

一、推进社会保障制度建设，健全社会保障体系

改革开发以来的经济转型导致居民所感受的不确定性增大，在社会保障制度建设滞后的条件下为应对不确定性带来的风险，居民将增加的收入很大一部分用于储蓄，使我国居民消费行为表现过于谨慎。为改变这种不正常的状态，在转型的背景下有必要加强社会保障体系的建设，减少居民所感受到的不确定性所带来的风险。当前，我国的社会保障制度建设是滞后的，仍存在很多不完

善地方，如保障的覆盖面太窄，保障水平过低，社会保障严重不足等等。社会保障制度建设的滞后已成为当前限制我国居民消费需求增长的重要障碍之一。社会保障体系不断健全完善的有助于稳定居民收入和支出预期，减弱居民的预防性储蓄动机，提升居民的消费意愿，增强消费对经济增长的驱动力。因此，应加快社会保障制度建设，通过社会保障体系不断健全完善，以缓解居民消费的后顾之忧，解决城乡居民"有钱不敢花"的问题，进而启动居民消费，促进我国经济持续健康发展。

二、推进收入分配制度变革，完善收入分配结构

收入分配关系不合理是限制居民消费需求扩张的重要因素，在收入分配制度变革中，提高居民部门在国民收入中所占的比重，提高劳动报酬在国民收入中所占的比重，是增强消费对经济增长驱动力的有效举措。应探索工资持续增长的长效机制，通过建立合理的分配秩序，不断提高居民的收入水平，扩大居民消费的基础，特别应提高我国农村居民的收入水平。此外还应注重再分配政策的调整，致力于缩小居民收入的城乡之间及居民内部之间等收入差距，通过增加低收入者的收入，合理调节少数垄断行业的过高收入，取缔非法收入，扩大中等收入占全体城乡居民的比重，努力使居民收入分配格局朝着"橄榄型"分配格局演进。一句话而言，就是要使现行的收入分配制度向更有利于提高城乡居民收入水平和缩小居民收入差距的收入分配制度转型，解决城乡居民"想花没钱花"的问题，通过收入分配结构的持续完善以发挥收入分配调整的需求效应。

三、推进财政税收体制变革，优化公共支出结构

我国公共支出总体上还是对居民消费呈挤入效应的，但公共支出转型滞后极大地限制了公共支出消费效应的发挥。在现行财税体制下，由于中央和地方政府的的财权事权及税种结构划分的不尽合理，地方政府出于政绩等因素往往只会考虑不断扩大投资，甚至容忍鼓励低水平重复建设，忽视民生问题。因此，财税体制变革中应进一步完善财税体制，厘清中央和地方的职能和权限，清晰中央和地方的税种结构，完善财政转移支付制度，减少政府对经济建设方面的支出，强化预算，加大对公共卫生、教育、社会保障和农村建设等方面的财政支出，优化公共支农支出结构，改变过去的公共支出"非农偏向"，加大对"三农问题"的科技投入，实施"科技兴农"战略，等等，从而增加与居

民生活紧密相关的公共品和服务的供给，通过公共（支农）支出结构的持续优化以发挥公共支出的消费效应，使城乡居民"有钱快乐花"。

四、推进官员晋升机制变革，促进政府职能转型

各项制度和体制的变革，从本质上说取决于政府的职能转型，政府应从"无限政府"、"无效政府"和"建设型政府"向"有限政府"、"有效政府"和"服务型政府"转型。政府职能的转型从微观角度来说又很大程度上取决于对政府官员晋升激励机制的变革。当前，我国对官员的考核采用的是GDP的考核指标，考核模式是自上而下的目标管理模式。在这种考核指标和考核模式下，地方官员有着强烈的追求地方GDP增长的冲动，这使得我国基础设施等得到了快速的发展，但也带来了重复建设，忽视民生问题等后果。现行的考核指标和考核模式同时也是政府职能转变难的一个重要原因，因为变革必然会带来"阵痛"，如何完善考核指标和考核模式，在考核指标加入民生问题和在考核模式引入民意的作用，是推进政府职能转型进而扩大居民消费促进我国经济持续健康发展的一条重要举措。

第三节 进一步研究方向

本书考察了中国高速经济增长过程中国居民消费问题，得到的结论是：扩大居民消费增强消费对经济增长的驱动力是推进中国经济可持续健康发展的需要，也是中国经济发展到一定阶段后的客观要求，当前中国低消费特别是低居民消费不仅和中国经济转型过程中不确定性所带来的居民谨慎消费行为有关，而且和收入分配不合理及政府公共支出转型滞后等因素紧密相关，扩大居民消费促进中国经济又好又快发展需要相应的一系列制度安排。由于本书的框架、本人的能力和水平以及时间的限制，本书还存在许多方面有待于继续深入研究和进一步完善：

（1）消费、投资和出口是驱动中国经济增长"三驾马车"，在经济增长驱动结构方面，低消费主要表现为低的居民消费，这要求扩大居民消费增强消费对经济增长的驱动力，这是本书研究的一个重点内容。在经济增长的驱动结构优化方面，由于立足居民消费，对投资、（进）出口的研究很少涉及，诚然，投资和（进）出口方面的结构优化研究也是我国经济持续健康发展所需要研究的重要内容，这值得继续深入的研究。

（2）居民消费是经济增长的重要驱动力量之一，这种驱动作用是通过各种作用机制实现的，深入地研究居民消费驱动经济增长的各种机制，并进行实证检验是一个很值得研究的课题。由于本书框架和时间的限制只能跳过对各种作用机制的研究直接验证居民消费对经济增长的影响，对其内部的各种作用机制并没有深入研究。所以，这方面的研究是未来一个值得继续研究的方向。

（3）中国居民消费疲软与经济转型过程中国居民偏高预防性储蓄动机紧密相关，但中国的收入差距不断增大，社会各个阶层所感受到不确定性风险可能会存在较大的差异，本书只是在二元经济的框架下从城乡分离角度进行考察。在中国居民预防性储蓄动机的影响因素研究方面，本书侧重说明转型过程中制度因素及其不确定性对预防性储蓄动机的影响，对其余可能的影响因素也缺乏全面的分析。从社会阶层的角度深入分析居民所感受到的不确定性的风险，深入全面地分析影响社会各阶层居民预防性储蓄动机强度的各种因素，这些对宏观政策的制定可能更具有参考价值，值得进一步深入探讨。

（4）转型背景下扩大居民消费问题不能忽视对居民收入流问题的研究，中国居民消费疲软与不合理的收入分配关系也紧密相关。在初次分配方面，缩小要素之间分配差距提高劳动者报酬是扩大居民消费的有效举措，这方面的实证研究有待进一步探索和完善。在再分配方面，居民之间收入差距的扩大是居民消费不足的一个重要原因，因此缩小居民收入差距的再分配政策调整是扩大居民消费的一项举措，这方面的研究如果控制了初次分配所造成的收入分配差距，实证的结果会更具说服力。

（5）公共支出作为收入再分配的一个重要手段，是影响居民消费的又一个重要因素，本书在二元经济结构下侧重从结构角度较为全面的分析公共（支农）支出的消费效应。由于按照研究惯例使用了"代表性消费者"的假设，忽视了社会各阶层之间的差异，这也是未来很值得进一步深入拓展的研究话题。

（6）本书从理论和实证上分析了居民谨慎的消费行为、收入分配的不合理和公共支出转型的滞后是影响我国居民消费的三大制约因素。诚然，除了这些因素以外，还存在许多影响因素，如城市化进程、家庭结构、流动性约束、价格水平、汇率变化、人口因素、传统文化、等等，从这些角度深入地分析我国居民消费的问题也同样具有非常重要的意义。

参考文献

一、英文参考文献

[1] Acemoglu, D.. Labor and Capital Augmenting Technical Change. NBER Working Paper, No. 7544, 2000.

[2] Acemoglu, D.. Directed Technical Change [J]. Review of Economic Studies, 2002 (4): 781~809.

[3] Acemoglu, D. and Linn, J.. Market Size and Innovation: Theory and Evidence from The Phmarceutical Industry [J]. Quarterly Journal of Economics, 2003 (118): 403~442.

[4] Acemoglu, D. and Guerrieri, V.. Capital Deeppening and Non – Balanced Economic Growth. NBER Working Paper, No. 12178, 2007.

[5] Ahmed, S.. Temporary and Permanent Government Spending in an Open Economy [J]. Journal of Monetary Economics, 1986 (17): 197~224.

[6] Aizenman, Joshua. Buffer Stock and Precautionary Savings with Loss Aversion [J]. Journal of International Money and Finance, 1998 (17).

[7] Amano, R. A. and Wirjanto, T. S.. Intertemporal Substitution and Government Spending [J]. Review of Economics and Statistics, 1997 (79): 605~609

[8] Aschauer, D. A.. Fiscal Policy and Aggregate Demand [J]. American Economic Review, 1985 (75): 117~127.

[9] Attanasio, Orazio P. and Agar Brugiavini. Social Security and Household Saving [J]. Quarterly Journal of Economics, 2003 (8).

[10] Ayagari, R. S., Christiano, L. J. and Eichenbaum, M.. The Output, Employment and Interest Effect of Government Consumption [J]. Journal of Monetary Economics, 1992 (30).

[11] Bailey, M. J.. National Income and Price Level [M]. New York: McGraw – hill, 1971。

[12] Barro, R. J.. Gorvernment Spending, Interest Rates, Prices and the Budget Deficits in the United Kingdom [J]. Journal of monetary economics, 1985 (20): 221~247

[13] Baumol, W. J.. Macroeconomic of Unbalanced Growth: the Anatomy of Urban Crisis [J]. Amer. Econ. Rev., 1967 (57): 415~426.

[14] Blinder, A. S.. A Model of Inherited Wealth [J]. Quarterly Journal of Economy, 1975 (7): 946~970.

[15] Broadberry, S. N.. How Did the United States and Germany Overtake Britain? A Setoral Analysis of Comparative Productivity Levels, 1970~1990 [J]. Journal of Economic History, 1998 (57): 375~407.

[16] Brouwer, E. and Kleiknecht, A.. An Exploration of CIS Micro Data [J]. Research Policy, 1999, 28 (6): 615~624.

[17] Caballero, Ricardo J.. Consumption Puzzle and Precautionary Savings [J]. Journal of Monetary Economics, 1990.

[18] Cagetti, Marco. Wealth Accumulation Over the Life Cycle and Precautionary Savings [J]. Journal of Business and Economic Statistics, 2003 (21).

[19] Cainelli, G., Evangelista, R. and Savona, M.. Innovation and Economic Performance in Services: A Firm − level Analysis [J]. Cambridge Journal of Economics, 2006 (30): 435~458.

[20] Carroll, C. D. The Buffer − Stock Theory of Saving: Some Macroeconomic Evidence [R]. Brookings Papers on Economic Activity, 1992 (2): 61~156.

[21] Carroll, C. D.. How Does Future Income Affect Current Consumption? [J]. Quarterly Journal of Economics. 1994.

[22] Carroll, C. D.. Liquidity Constraints and Precautionary Saving. NBER Working Paper, No. 8496, 2001.

[23] Carroll, C. D.. Theoretical Foundations of Buffer Stock Saving. NBER Working Paper, No. 10867, 2004.

[24] Carroll, C. D.. Samwick, A. A. How Important Is Precautionary Saving? [J]. The Review of Economics and Statistics, 1998 (80): 410~419.

[25] Cook, Christopher J.. Saving Rates and Income Distribution: Further Evidence From LDCs [J]. Applied Economics, 1995 (24).

[26] Chenery H. B. and Syrquin M.. Patterns of Development: 1950~1970 [M]. London: Oxford University Press, 1975.

[27] Dardanoni, V.. Precautionary Savings Under Uncertainty Income: A Cross − sectional Analysis [J]. Applied Economics, 1991 (23): 153~160.

[28] Deaton, A. S.. Savings and Liquidity Constraints [J]. Econometrica, 1991 (59):

1121 ~ 1148.

［29］Deaton, A. and J. Muelbauer. An Almost Ideal Demand System ［J］. Amer. Econ. Rev.,
1980 (70): 312 ~ 326.

［30］Denison, E. F.. Sources of Postwar Growth in Nine Western Countries ［J］. The A-
merican Economic Review, 1967 (57): 325 ~ 332.

［31］Devereus, M. B., Head, v. c. and Lapham, B. J.. Monopolistic Compitition, In-
creasing Return and Government Spending ［J］. Journal of money: Credit and Banking, 1996
(28): 223 ~ 254.

［32］Dynan, Karen E.. How Prudent are Consumers ［J］. Journal of Political Economy,
1993 (6): 1104 ~ 1113.

［33］Ederer, S. and Stockhammer, E.. Wages and Aggregate Demand in France: an Em-
pirical Investigation. In: Hein, E. and Truger, A.. (eds), Money, Distribution and Economic
Policy—Alternatives to Orthodox Macroeconomics. Edward Elgar, Cheltenham. 2007.

［34］Echevarria, C.. Changes in Sectoral Composition Associated with Economic Growth. In-
ternational economic review, 1997 (38): 431 ~ 452.

［35］Feldman, S. J., Mcclain, S. and Palmer, K.. Sources of stuctural change in the US
1963 ~ 1987: An input – output perspective ［J］. Review of Economics and Statistics, 1987
(69): 503 ~ 510。

［36］Foellmi, R. and Zweimueller, J.. Engel's Consumption Cycles and Kaldor Facts of
Economic Growth. CERP Discussion paper, No. 3300, 2007.

［37］Gualerzi, D.. Natural Dynamics, Endogenous Stuctural Change and The Theory of De-
mand: A Comment on Pasinetti ［J］. Stuctural Change and Economic Dynamics, 1996 (7): 345 ~
368.

［38］Guiso, L., Jappelli, T. and Terlizzese, D. Earnings Uncertainty and Precautionary
Saving ［J］. Journal of Monetary Economics, 1992 (2): 307 ~ 337.

［39］Hadjimatheoiu, George. Consumer Economics after Keynes: Theory and Evidence of
the Consumption Function ［M］. StMatin's press, New york, 1957.

［40］Harrison, A. E.. Has Globalization Eroded Labor's Share? Some Cross – Country Evi-
dence. Working Paper, UC Berkeley and NBER, Mimeo: 46. 2002.

［41］Hall, R. E.. The Stochastic Implications of the Life Cycle – Permanent Income Hypoth-
esis: Theory and Evidence ［J］. Journal of Political Economy, 1978 (86): 971 ~ 987.

［42］Hall, R. E. and Charles, I. J.. Why Do Some Countries Produce So Much More Output
Per Worker Than Others? ［J］. Quarterly Journal of Economics, 1999 (114): 83 ~ 116.

［43］Horioka, C. Y.. The Causes of Japan's "lost decade": The Role of Household Consumption [J]. Japan and TheWorld Economy, 2006 (18): 378 ~ 400.

[44] Hofer, H. and Kunst, R.. The Macroeconomic Model LIMA. In: OeNB. (eds), Macroeconomic Models and Forecasts for Austria. Proceedings of OeNB Workshop No. 5, Wien. 2005.

[45] Hofman, A. A.. Economic Growth, Factor Shares and Income Distribution in Latin American in the Twentieth Century, Presented at the International Workshop on "Modern Economic Growth and Distribution in Asia, Latin America, and the European Periphery: A Historical National Accounts Approach", 16 – 18 March: Tokyo. 2001.

[46] Jayadev, A.. Capital Account, Openness and the Labor Share of Income [J]. Cambridge Journal of Economics, 2007 (31): 423 ~443.

[47] Kalecki, M.. Selected Essays on The Dynamics of The Capitalist Economy [M]. Cambridge: Cambridge University Press, 1971.

[48] Karras, G.. Government Spending and Private Consumption: Some International Evidence [J]. Journal of Monet Credit and Banking, 1994 (26): 9 ~ 22.

[49] Kessing, S. G.. A Note on the Determinant of Labor Share Movements [J]. Economic Letters, 2003 (1): 9 ~12.

[50] Kongsamut, p., Robelo, s. and D. Xie. Beyond Balanced Growth [J]. Rev. of Econ. studies, 2001 (68): 869 ~882.

[51] Kormendi, R. C.. Government Debt, Government Spending and Private Sector Behavior [J]. American Economic Review, 1983 (73).

[52] Kuehlwein, M. A Test for the Presence of Precautionary Saving [J]. Economics Letters, 1991 (37): 471 ~475.

[53] Kuznets, S.. Economic Growth of Nations [M]. Belknap Press, cambridge. 1971.

[54] Kwan, Y. K.. The Direct Substitution Between Government and Private Consumption in East Asian [R]. NBER working paper, NO. 12431, 2006。

[55] Leland, H. E.. Saving and Uncertainty: The Precautionary Demand for Saving [J]. Quarterly Journal of Economics, 1968 (8): 465 ~473.

[56] Liuch, C. and R. Williams. Consumer Demand Systems and Aggregate Consumption in the U. S. A: An Application of the Extended Linear Expenditure System [J]. Canadian Journal of Economics, 1974 (8): 49 ~66.

[57] Marcos Chamon and Eswar Prasad. Why are Saving Rates of Urban Households in China Rising? IMF Working Paper, June 2008.

[58] Marglin, S. and Bhaduri, A.. Profit Squeeze and Keynesian Theory. In: Marglin, S. and Schor, J.. (eds), The Golden Age of Capitalism. Reinterpreting the Postwar

Experience. Clarendon, Oxford. 1990.

［59］Miller, R. L.. The Effect on Optimal Consumption of Increased Uncertainty in Labour Income in the Multi – period ［J］. Journal of EconomicsTheory, 1976 (13): 154 ~ 167.

［60］Minami, R. and Hondai, S.. An Evaluation of the Enterprise Reform in China: Income Share of Labor and Profitability in the Machine Industry ［J］. Hitotsubashi Journal of Economics, 1995 (36): 125 ~ 143.

［61］Myers, S. and Marquis, D. G.. Successful Industrial Innovations: A Study of Factors Underlying Innovation in Selected Firms ［M］. Washington, D. C. , USA: National Science Foundation, 1969.

［62］Musgrave. Income Distributional and The Aggregate Consumption Function ［J］. Journal of Political Economy, 1980 (4) : 723 ~ 746.

［63］M. P. Todaro. Economic Development in the Third World ［M］. New York: Longman, 1984.

［64］Neih, C. C. and HO, T. W.. Does the Expansionary Government Spending Crowd Out the Private Consumption Cointegration Analysis in Panel Data ［J］. The Quarterly Review of Economics and Finance, 2006 (46): 133 ~ 148。

［65］Ngai, R. and Pissarides, C.. Structural Change in a Multi – sector Model of Growth ［J］. Amer. Econ. Rev. , 2007 (97): 429 ~ 443.

［66］Okubo, M.. Intratemporal Substitution Between Private and Government Consumption: the case of Japan ［J］. Economic Letters, 2003 (79): 75 ~ 81。

［67］Osterhaven, J. and J. A. vander Linden. European Technology, Trade and Income Change for 1975 – 1985: An Intercountry Input – output Decomposition ［J］. Economic Systems Research, 1997 (9): 393 ~ 411.

［68］Paul, M. Romer. Increasing Returns and Long – Run Growth ［J］. J. P. E. , 1986 (94): 1002 ~ 1037.

［69］Paul, M. Romer. Endogenous Technological Change ［J］. The Journal of Political Economy, Part2: The Problem of Development: A Conference of the Institute for the Study of Free Enterprise Systems. 1990 (98): 71 ~ 102.

［70］Porter, Michael. The Competitive Advantage of Nation ［M］. New York: Free Press, 1990.

［71］Rahul, S. and Ramana, M.. Declining Share of Wages in Organised Indian Industry (1973 ~ 97): A Kaleckian Perspective, Industrial Organization 0504020, EconWPA, 2005.

［72］Ramsey, Frank. A Mathematical Theory of Saving ［J］. Economic Journal, 1928 (38): 543 ~ 559.

[73] Rebelo, Sergio. Long Run Policy Analysis and Long Run Growth. Working paper. Rochester, N. Y. : Univ. Rochester, 1988.

[74] Robert, E. Lucas, Jr. Asset Prices in an Exchange Economy [J] . Econometrica, 1978 (46): 1429 ~ 1445.

[75] Robert, E. Lucas, Jr. On the Mechanics of Economy Development [J] . Journal of Monetar Economy, 1988 (22): 3 ~ 42.

[76] Rosenberg, N. . Inside The Bblack Box: Technology and Economics [M] . Cambridge University Press, 1980: 202.

[77] Rostow, w. w. . The Stages of Economics Growth: A Non – Communist Manifesto [M] . Cambridge: Cambridge University Press, 1990.

[78] Sabillon, C. On The Causes of Economic Growth: The Lessons of History [M] . Algora Publishing, 2008.

[79] Sandmo, A. . The Effect of Uncertainty on Saving [J] . Review of Economic Studies, 1970 (37): 353 ~ 360.

[80] Saito, M. . The Japanese Economy [M] . World Scientific Publishing Co. Inc. , River Edge, NJ. 2000.

[81] Schmookler, J. . Invention and Economic Growth [M] . Harvard university press, Cambridge, Mass. 1966.

[82] Sibley, D. S. . Permanent and Transitory Income Effects in a Model of Optimal Consumption with Wage Income Uncertainty [J] . Journal Economics Theory, 1975 (11): 68 ~ 82.

[83] Skinner, J. . Risky Income, Life Cycle Consumption, and Precautionary Savings [J] . Journal of Monetary Economics, 1988 (2): 237 ~ 255.

[84] Solow, Robert M. . A Contribution to the Theory of Economic Growth [J] . Quarterl Journal of Economics, 1956 (70): 65 ~ 94.

[85] Stockhammer, E. and Ederer, S. . Demand Effects of the Falling Wage Share in Austria [J] . Empirica, 2008 (35): 481 ~ 502.

[86] Stoker, T. M. . Simple Tests of Distributional Effects on Macroeconomic Equations [J] . Journal of Political Economy , 1986 (4): 861 ~ 883.

[87] Stone, R. . Linear Expenditure System and Demand Analysis: An Application to the Pattern of British Demand [J] . Economic Journal, 1954 (64): 511 ~ 527.

[88] Swan, T. W. . Economic Growth and Capital Accumulation [J] . Economic Record, 1965 (32): 334 ~ 361.

[89] Szirmai, A. . Explaining Success and Failure in Development. Working paper, 2008.

[90] Ho, T. W. . The Government Spending and Private Consumption: A Panel Intergration

Analysis [J] . International Review of Economics and Finance, 2001 (10): 95~108.

[91] Weintraub, S. . Distribution, Effective Demand and International Relations [M] . London: Macmillan, 1983.

[92] Wilson, B. K. . The Strength of the Precautionary Saving Motive when Prudence is Heterogeneous [C] . Enrolled paper of 37th Annual Meeting of the Canadian Economics Association. 2003.

[93] Yoo, K. and Giles, J. Precautionary Behavior and Household Consumption and Savings Decisions: An Empirical Analysis Using Household Panel Data from Rural China [J] . 2002, Preliminary Draft for NEUDC.

[94] Zeldes, S. P. . Consumption and Liquidity Constraints: an Empirical Analysis [J] . Journal of Political Economy , 1989 (97): 305 ~ 346.

[95] Zeldes, S. P. . Optimal Consumption With Stochastic Income [J] . Quarterly Journal of Economics, 1989 (5): 275~298.

二、中文参考文献

[1] 白重恩等. 国民收入的要素分配: 统计数据背后的故事 [J] . 经济研究, 2009 (3): 27~41.

[2] 陈南岳. 中国过剩二元经济研究 [M] . 北京: 中国经济出版社, 2004.

[3] 程磊. 收入差距扩大与中国内需不足: 理论机制与实证检验 [J] . 经济科学, 2011 (1): 11~24.

[4] 程永宏. 改革以来全国总体基尼系数的演变及其城乡分解 [J] . 中国社会科学, 2007 (4): 45~60.

[5] 大卫·李嘉图. 政治经济学及税赋原理 [M] . 北京: 商务印书馆, 1982.

[6] 董静等. 修正城乡加权法及其应用——由农村和城镇基尼系数推算全国基尼系数 [J] . 数量经济技术经济研究, 2004 (5): 120~123.

[7] 邓翔, 李锴. 中国城镇居民预防性储蓄成因分析 [J] . 南开经济研究, 2009 (2): 42~57

[8] 邓可斌, 易行健. 预防性储蓄动机的异质性与消费倾向的变化——基于中国城镇居民的研究 [J] . 财贸经济, 2010 (5): 14~19

[9] 杜海韬, 邓翔. 流动性约束和不确定性状态下的预防性储蓄研究——中国城乡居民的消费特征分析 [J] . 经济学 (季刊), 2005 (2): 297~314.

[10] 范剑平 居民消费与中国经济发展 [M] . 北京: 中国计划出版社, 2000.

[11] 高铁梅. 计量经济分析方法与建模: EViews 应用及实例 [M] . 第 2 版, 北京:

清华大学出版社，2009.

[12] 官永彬等. 转轨时期政府支出与居民消费关系的实证研究 [J]. 数量经济技术经济研究，2008（12）：15～25.

[13] 胡雪萍. 优化农村消费环境与扩大农民消费需求 [J]. 农业经济问题，2003（7）：24～28.

[14] 杭斌，申春兰. 预防性储蓄动机对居民消费及利率政策效果的影响 [J]. 数量经济技术经济研究，2002（12）：51～55.

[15] 杭斌，申春兰. 经济转型期的中国城镇居民消费敏感度的变参数分析 [J]. 数量经济技术经济研究，2004（9）：24～28.

[16] 洪兴建. 一个新的基尼系数子群分解公式——兼论中国总体基尼系数的城乡分解 [J]. 经济学（季刊），2008（10）：307～324.

[17] 洪银兴. 马克思的消费力理论和扩大消费需求 [J]. 经济学动态，2010（3）：10～13.

[18] 洪源等. 政府民生消费性支出对居民消费的影响——基于中国居民消费行为的视角 [J]. 财贸研究，2009（4）：69～76.

[19] 胡日东等. 收入分配差距、消费需求与转移支付的实证研究 [J]. 数量经济技术经济研究，2002（4）：29～32.

[20] 胡祖光. 基尼系数的理论最佳值及其简易计算公式研究 [J]. 经济研究，2004（9）：112～123.

[21] 黄乾等. 中国劳动收入比重下降的宏观经济效应——基于省级面板数据的实证分析 [J]. 财贸经济，2010（4）：121～128.

[22] 黄赜琳. 中国经济周期特征与财政政策效应——一个基于三部门 RBC 模型的实证分析 [J]. 经济研究，2005（6）：27～39.

[23] 姜磊等. 略论金融发展与劳动报酬比例——基于中国省级面板数据的分析 [J]. 经济问题，2008（10）：8～17.

[24] 姜磊. 我国劳动分配比例的变动趋势与影响因素——基于中国省级面板数据的分析 [J]. 当代经济科学，2008（4）：7～12.

[25] 姜洋等. 政府支出与居民消费：总量影响、结构效应和区域差异 [J]. 消费经济，2009（5）：14～17.

[26] 凯恩斯. 就业、利息和货币通论 [M]. 北京：商务印书馆，1963.

[27] 龙志和，周浩明. 中国城镇居民预防性储蓄实证研究 [J]. 经济研究，2000（11）：33～38.

[28] 李斌. 投资、消费与中国经济的内生增长：古典角度的实证分析 [J]. 管理世界，2004（9）：13～22.

［29］李稻葵等．GDP 中劳动份额演变的 U 型规律［J］．经济研究,，2009 (1)：70 ~ 81.

［30］李军．收入差距对消费需求影响的定量分析［J］．数量经济技术经济研究，2003 (9)：5 ~ 11.

［31］李俊霖等．城镇居民收入分配差距、消费需求与经济增长［J］．统计与决测，2006 (5)：95 ~ 96.

［32］李勇辉，温娇秀．中国城镇居民预防性储蓄行为与支出的不确定性关系［J］．管理世界，2005 (5)：14 ~ 18

［33］李广众．政府支出与居民消费：替代还是互补［J］．世界经济，2005 (5)：38 ~ 45.

［34］李永友等．居民消费与中国财政政策的有效性：基于居民最优消费决策行为的经验分析［J］．世界经济，2006 (5)：54 ~ 64.

［35］李实等．中国居民收入分配实证研究［M］．北京：社会科学文献出版社，2000.

［36］李实．对基尼系数估算与分解的进一步说明——对陈宗胜教授评论的再答复［J］．经济研究，2002 (5)：84 ~ 87.

［37］李燕凌，曾福生．农村公共支出效果的理论与实证研究［J］．中国农村经济，2006 (8)：23 ~ 33.

［38］李晓嘉．财政支农支出与农村居民消费的动态效应分析［J］．经济学动态，2010 (9).

［39］梁东黎．需求约束条件下的经济增长理论［J］．南京社会科学，2007 (1)：11 ~ 17.

［40］刘文斌．收人差距对消费需求的制约［J］．经济学动态，2000 (9).

［41］刘世锦．关于我国增长模式转型的若干问题［J］．管理世界，2006 (2)：1 ~ 9.

［42］刘金全，邵欣炜，崔畅．预防性储蓄动机的实证检验［J］．数量经济技术经济研究，2003 (1)：108 ~ 110.

［43］刘社建等．扩大消费研究：提高劳动者报酬份额的思路［J］．上海经济研究，2010 (2)：13 ~ 19.

［44］刘霖等．收入分配差距与经济增长之因果关系研究［J］．福建论坛（人文社会科学版），2005 (7)：81 ~ 84.

［45］刘兆博，马树才．基于微观面板数据的中国农民预防性储蓄研究［J］．世界经济，2007 (2)：40 ~ 49

［46］罗长远等．经济发展中的劳动收入占比——基于中国产业数据的实证研究［J］．中国社会科学，2009 (4)：65 ~ 79.

［47］罗长远等．劳动收入占比下降的经济学解释——基于中国省级面板数据的分析［J］．管理世界，2009 (5)：25 ~ 35.

［48］罗良文．城乡收入分配差距与社会消费需求［J］．理论月刊，2006 (8)：54 ~ 57.

［49］罗默．苏剑等译．高级宏观经济学［M］．北京：商务印书馆，2004.

［50］马克思．资本论［M］．第一、二、三卷，北京：人民出版社，1975.

［51］马栓友．财政政策与经济增长［M］．北京：经济科学出版社，2003.

［52］梅洪常．居民消费增长和结构优化路径分析［J］．中国工业经济，2008（8）：36～45.

［53］聂国卿等．转型期我国收入分配不公对经济增长影响研究［J］．求索，2004（12）：11～13.

［54］祁京梅．我国消费需求趋势研究及实证分析探索［M］．北京：中国经济出版社，2008.

［55］石柱鲜等．我国政府支出对居民消费的挤出效应分析［J］．学习与探索，2005（6）：249～252.

［56］申琳等．政府支出与居民消费：消费倾斜渠道与资源撤出渠道［J］．世界经济，2007（1）：73～79.

［57］沈坤荣，张璟．中国农村公共支出及其绩效分析——基于农民收入增长和城乡收入差距的经验研究［J］．管理世界，2007（1）：30～40.

［58］沈坤荣等．中国经济的转型与增长——1978～2008年的经验研究［M］．南京：南京大学出版社，2008.

［59］沈坤荣，田伟．中国经济增长的两难困境与政策选择［J］．经济与管理研究，2009（7）：5～9.

［60］施建淮，朱海婷．中国城市居民预防性储蓄及预防性动机强度：1999～2003［J］．经济研究，2004（10）：66～74.

［61］孙凤．预防性储蓄理论与中国居民消费行为［J］．南开经济研究，2001（1）：54～58.

［62］苏明．中国农村发展与财政政策选择［M］．北京：中国财政经济出版社，2003：144.

［63］史清华．农户消费行为及购买力问题研究［M］．山西：山西人民出版社，2001.

［64］宋铮．中国居民储蓄行为研究［J］．金融研究，1999（6）：46～50.

［65］陶长琪，齐亚伟．转轨时期中国城乡居民预防性储蓄比较研究——中国城乡居民消费的理论框架及实证研究［J］．消费经济，2007（5）：51～56.

［66］田岗．不确定性、融资约束与我国农村高储蓄现象的实证分析——一个包含融资约束的预防性储蓄模型及检验［J］．经济科学，2005（1）：5～17.

［67］汪伟．中国居民储蓄率的决定因素——基于1995～2005年省际动态面板数据的分析［J］．财经研究，2008（2）：53～64.

[68] 王宏利. 中国政府支出调控对居民消费的影响 [J]. 世界经济, 2006 (10): 30~38.

[69] 王小鲁, 樊纲, 刘鹏. 中国经济增长方式的转换和增长的可持续性 [J]. 经济研究, 2009 (1): 13.

[70] 王祖祥等. 中国基尼系数的估算研究 [J]. 经济评论, 2009 (3): 19.

[71] 万广华, 张茵, 牛建华. 流动性约束、不确定性与中国居民消费 [J]. 经济研究, 2001 (11): 35~44.

[72] 万广华, 史清华, 汤树梅. 转型经济中农户储蓄行为: 中国农村的实证研究 [J]. 经济研究, 2003 (5): 3~12

[73] 汪浩瀚, 唐绍祥. 中国农村居民预防性储蓄动机估计及影响因素分析 [J]. 农业技术经济, 2010 (1): 42~48.

[74] 卫兴华等. 在科学发展观下坚持效率和公平的统一 [J]. 经济学家, 2008 (3): 21~27.

[75] 文启湘等. 消费结构与产业结构的和谐: 和谐性及其测度 [J]. 中国工业经济, 2005 (8): 14~19.

[76] 吴晓明等. 我国城镇居民平均消费倾向与收入分配状况关系的实证研究 [J]. 数量经济技术经济研究, 2007 (5): 22~32.

[77] 谢建国, 陈漓高. 政府支出与居民消费——一个基于跨期替代模型的中国经验分析 [J]. 经济科学, 2002 (6): 5~12.

[78] 肖红叶. 中国收入初次分配结构及其国际比较 [J]. 财贸经济, 2009 (2): 13~21.

[79] 西蒙·库兹涅茨. 常勋等译. 各国的经济增长 [M]. 北京: 商务印书馆, 2005: 413.

[80] 徐永兵. 消费行为与经济增长 [M]. 北京: 中国社会科学出版社, 2007: 222.

[81] 亚当·斯密. 国民财富的性质和原因的研究 [M]. 北京: 商务印书馆, 1996.

[82] 杨瑞龙等. 国有企业双层分配合约下的效率工资假说及其检验——对"工资侵蚀利润"命题的质疑 [J]. 管理世界, 1998 (1): 166~175.

[83] 杨琳等. 金融结构转变与实体经济结构升级 [J]. 财贸经济, 2002 (3): 11~14.

[84] 杨天宇. 收入分配与有效需求 [M]. 北京: 经济科学出版社, 2001.

[85] 杨天宇. 中国的收入分配与总消费 [M]. 北京: 中国经济出版社, 2009.

[86] 杨天宇等. 收入再分配对我国居民总消费需求的扩张效应 [J]. 经济学家, 2009 (9): 39~45.

[87] 杨旭等. 对我国潜在经济增长率的测算——基于二元结构奥肯定律的实证分析 [J]. 数量经济技术经济研究, 2007 (10): 14~23.

[88] 杨子晖. 政府消费与居民消费: 期内替代与跨期替代 [J]. 世界经济, 2006 (8): 37~46.

［89］俞忠英．中国内需结构调整的实证分析［M］．山西：山西经济出版社，2003．

［90］袁志刚，宋铮．城镇居民消费行为变异与我国经济增长［J］．经济研究，1999（11）：20～28．

［91］苑德宇，张静静，韩俊霞．居民消费、财政支出与区域效应差异——基于动态面板数据模型的经验分析［J］．统计研究，2010（2）：44～50．

［92］易行健，王俊海，易君健．预防性储蓄动机强度的时序变化与地区差异——基于中国农村居民的实证研究［J］．经济研究，2008（2）：119～131

［93］赵俊康．我国劳资分配比例分析［J］．统计研究，2006（12）：7～12．

［94］赵修春．我国居民消费需求的制约因素和应对措施［J］．宏观经济管理，2009（9）：35～37．

［95］周建．经济转轨期中国农村居民预防性储蓄研究——1978～2003年实证研究［J］．财经研究，2005（8）：59～67．

［96］周文兴．中国城镇居民收入分配与经济增长关系实证研究［J］．经济科学，2002（1）：40～47．

［97］张东辉等．收入分配、消费需求与经济增长——来自中国农村的证据［J］．福建论坛（人文社会科学版），2006（9）：9～13．

［98］曾令华．近年来财政扩张是否有挤出效应［J］．经济研究，2000（3）：65～70．

［99］朱春燕，臧旭恒．预防性储蓄理论——储蓄（消费）函数的新进展［J］．经济研究，2001（1）：84～91．

［100］朱国林等．中国的消费不振与收入分配：理论和数据［J］．经济研究，2002（5）：72～80．

［101］朱信凯，骆晨．消费函数的理论逻辑与中国化：一个文献综述［J］．经济研究，2011（1）：140～153．

［102］储德银，闫伟．地方政府支出与农村居民消费需求——基于1998～2007年省级面板数据的经验分析［J］．统计研究，2009（8）：38～44．

［103］庄佳强．需求因素对长期经济增长的影响研究［D］．华中科技大学博士学位论文，2008．

［104］卓勇良．关于劳动所得比重下降和资本所得比重上升的研究［J］．浙江社会科学，2007（3）：26～33．

图表清单

二、表格清单

致　谢

　　时光荏苒，博士生涯已成回忆，本书正是在我的博士论文的基础上修改完善而成。在本书出版之际，特向给予帮助和关心的有关方面和个人表示由衷的感谢。

　　首先我要感谢的是恩师沈坤荣教授，是他把我带入了我梦寐以求的南京大学，使我对经济学的无知到现在的初入殿堂。本书从最初的选题到最后的成文都倾注了恩师的大量心血。沈老师的悉心教导使我获益颇多，没有沈老师的言传身教，不可能有我现在的进步。他严谨的治学态度和道德风范为我树立了榜样，指引我在科研道路上不断探索，同时也为我今后生活树立了精神坐标。由于自己才疏学浅，本书并未将恩师的学术思想充分发挥，但在心底里由衷地感激恩师对我在博士期间的精心栽培。恩师给予我的无法言表，只有在未来的学习、生活和工作中更加努力，以报师恩。

　　在南大攻博期间（2008 年 9 月～2011 年 6 月），我还得到了其他许多老师和同学的无私帮助和关怀。这里要感谢洪银兴教授、范从来教授、葛扬教授、梁东黎教授、郑江淮教授、杨德才教授、刘东教授、付文林副教授等商学院的授课老师，他们的悉心授课为我从事的学术研究打下了坚实的理论基础。我要感谢我的硕士生导师孟范昆教授，硕士生时代的授课老师李建德教授等，在南大期间他们仍对我的学习和生活给予很大的关心。我所在的科研团队是一个非常团结向上的团体，在平时的学习和工作中，众多的同门给了我许多帮助，在此我感谢李剑博士、李猛博士、谢勇博士、周卫民博士、杨宇博士、虞剑文博士生、李子联博士、周密博士生等诸位师兄师姐及师弟师妹。此外还要感谢杜宇玮博士、郭金秀博士、许德友博士、孙治宇博士、陈崇博士、吴言林博士、张益丰博士、李增来博士等诸位同学。从众多同门和同学身上我不仅获得了友谊和关怀，还学到了很多终身受益的东西。

此外，我非常感谢我的父母，是他们的理解和支持，成就了现在的我，离家在外求学多年，他们心中时刻牵挂，而我也不能多陪陪他们，总是愧疚于心。还有，我要感谢我的爱人朱金妹中医师，她对我默默的关爱，使我在艰辛的求学道路上感受到爱的温馨。

最后，我要感谢教育部高等学校社会科学发展研究中心和光明日报出版社的工作人员，他们为本书的编审作了大量细致工作，同时感谢国家社会科学基金重大项目（07&ZD009）、国家自然科学基金项目（71073076）、江苏技术师范学院新增教授、博士科研启动基金项目（KYY11043）等的资助。

"路漫漫其修远兮，吾将上下而求索"，每前进一步都意味着新的追求，在新的挑战面前我会更加努力，不仅是为了自己，也是回报众多的关爱、回报社会。

刘东皇

2012 年 4 月 10 日